なぜ近大マグロはヒットしたのか

欲しい！と言わせるブランドづくり

大久保嘉洋
Okubo Yoshihiro

澪標

〜なぜ近大マグロはヒットしたのか〜

欲しい！と言わせるブランドづくり

元近畿大学水産研究所事務長
元アーマリン近大専務取締役

大久保嘉洋

まえがき

大阪駅北ヤードに位置するグランフロント大阪北館ナレッジキャピタル6階にある養殖魚専門の和風レストラン「近畿大学水産研究所」に行くと、開店してから2年が経過しても、なお連日長蛇の列ができ、その盛況ぶりを呈しています。

ここを訪れるお客の目当てはなんといっても「近大マグロ」。

これほどまでに強い人気を保ち続ける秘密はいったいどこにあるのでしょうか。

「テレビや新聞などで話題となっている近大マグロをぜひ一度食べてみたい」「あれだけの行列ができるのだから、きっと美味しいに違いない」

いろんな情報や期待感を持って訪れ、そして実際に食べてみると、「やっぱり期待どおりで、美味しいわ」と、評判は上々です。

それでは、決して安くはない「近大マグロ」を食べてみたい！と思わせる秘密はいったいどこにあるのでしょう。

それは近大マグロが他の養殖マグロと比べて圧倒的に美味しいからなのでしょうか。

失礼な言い方ですが、例えば「近大マグロ」と「地中海産の養殖マグロ」を食べ比べてその味の違いを言い当てられる人は、どれくらいおられるでしょうか。

マグロを専門に取り扱っている業者や、長年にわたり料理店などで舌の感覚を鍛えてきた人ならともかく、多くの一般の方には微妙な味の違いは、なかなか判らないものです。

実際、大阪にある某卸売市場のマグロ専門家に訊いてみましても、むしろ地中海産のほうが「マグロ本来の味がする」と言って高く評価される場合もあるくらいです。

それにもかかわらず、「近大マグロを食べたい」といって求める人々は後を絶ちません。

これは、「美味しい」と感じる要素が単に味覚だけではないという事を示しているのです。

人間の脳は、その人の都合の良いように働いているといいます。

例えば聴覚を例にとると、テープレコーダーで録音して再生した音と、実際に聴いていた音とは全然異なるという経験をした人は、年配の方なら少なくないのではないでしょうか。

再生した音では「こんなに雑音があったのか」と感じるほど余計な音が録音されている

ことに気付いたことでしょう。これは自分の脳が余計な雑音をあえて気にならないように無意識のうちにうまくコントロールしているからなのです。

映画のシーンでよく使われるバックグラウンドミュージック（ＢＧＭ）はこの作用をうまく利用してイメージを誘導する効果を生み出していると言えるでしょう。

また、視覚においても同様の事が言えます。見たいと思ったものには自然に焦点が合ってよく見えると同時に、まわりのものは無意識のうちにぼやけて気にならなくなっています。

さらに、止まっているエスカレーターを階段のように歩いてみるとわかりますが、登りはじめや降りるときのステップに強く違和感を感じるものです。

これは脳が普通の階段の感覚を潜在意識として覚えているからなのです。

同様に、味覚においても、品質だけではない、見た目や事前の情報など、さまざまな潜在意識が大きく作用していると考えられます。

そうだとすると、ほとんどすべての人に美味しいと感じさせる潜在意識とはいったいどのようにして培われていくのでしょうか。

実はここに「ブランド力」が大きく作用しています。

ブランド化が進むと、商品を信用し、肯定的に捉えようという意識が生まれ、その意識が商品をさらに美味しく価値あるものへと変えているのです。

本書の前半では、近畿大学水産研究所が歩んだクロマグロの完全養殖成功までの道のりや、ブランドづくりへと挑戦していった経緯を、そして後半ではブランドづくりの「6つのポイント（SPNSOR）と3つの習慣（ATC）」を中心に展開いたします。

前著「卒業証書をもらったマグロ」と重複する部分については、ブランディング戦略に欠かせない重要な「ストーリー」としてお読みいただければ幸いです。

経済学や経営学、マーケティング理論などを専門に学んでこられた方には、本書は専門用語もほとんどなく、物足りなく感じられるかもしれませんが、実際の経験によって学んできたノウハウをベースに、シンプルでわかりやすく、読みやすいように工夫したつもりです。

TPP（環太平洋戦略的経済連携協定）問題等で、今後益々ブランディングの必要性が求められている農林水産業をはじめ、工業製品やサービス業など、あらゆる業種におけるブランディングの入門書としてお読みいただければ幸いです。

また、少子化により切実な経営問題を抱えている多くの私立大学や地方の国公立大学で、長時間にわたり経営戦略や改革に関する会議、ミーティングに忙殺されておられる教職員のみなさまのささやかなヒントになれば、これほどうれしいことはありません。

欲しい！と言わせるブランドづくり——目次

装幀　森本良成

【序章】 ブランドとは

ブランド力が人々の味覚にまで影響を及ぼすと述べましたが、それでは「ブランド」とはいったいどのようなものなのでしょうか。

高級ブランドバッグの「エルメス」や「ルイ・ビトン」、時計の「ローレックス」や「オメガ」、車だと「メルセデスベンツ」や「BMW」など、誰もが知っている社名です。

そしてこれらのメーカーがつくる商品はすべて一流の高級ブランド品だと言われています。

したがってブランド品とは、このように知名度があって品質の良いものというイメージをお持ちの方も多い事でしょう。

では、その条件を満たせば、それですべてのものがブランド品だと言えるのでしょうか。当然のことながら、そうとは言いきれません。

いくら著名で品質が良いとされる商品でも、「安心」、「信用」、「共感」、「満足」などの肯定的なイメージが伴わなくては、決してブランド品だとは言えないのです。

２０００年。著名なブランドを持つ乳製品メーカーが、ずさんな生産管理により１４、７８０人の被害者が発生するという戦後最大の集団食中毒事件を引き起こしました。そしてグループ全体の信用を失ってしまい、その後、元どおりの良い製品づくりをするようになってからも、失ったブランドはなかなか回復することができなかったというケースは、みなさんの記憶にも残っていることでしょう。

また、カップ焼きそばにゴキブリのような異物が混入していたとツイッターに載せられ、その後数か月間にわたり営業休止に追い込まれた出来事や、業界最大手のハンバーガーチェーンが、その製造過程で不衛生な取扱いを指摘されたニュースに引続き、ビニール片や金属片などの異物が混入していたことが相次いで発覚して、グループ全体の売上が大きく減少し、ブランド力が低下したまま回復の兆しがなかなか見えてこないといった出来事もありました。

これらのように、それまで消費者の信頼を得て安心、安全で美味しいといったブランド品として取り扱われていたものが、その信用を失い、価値を大きく低下させてしまった実例は、他にも挙げればきりがないほど多くみられます。

そして、一度信用を失ってしまったこれらの商品は、その信用を回復するために相当の期間と莫大な費用がかかることを教えてくれています。

逆に、中小企業や零細企業、個人商店など、あまり知名度はないけれど良い商品やサービスを提供し、限られた顧客の間で絶対的な信用を得ているというケースもあります。

一例を挙げますと、「小さな町で昔から細々とやっている床屋さん」なども、常連さんたちにとってはひとつのブランドと言えるのではないでしょうか。

細かく言わなくても、いつものように髪を思いどおりに整えてくれる安心感や、なんとなく落ち着く雰囲気を持った店内の見慣れた情景などは、長い年月をかけて少しずつですが着実に積み上げてきたブランドなのです。

このように、ブランドとは目には見えないけれど、顧客の心の中に創られる肯定的なイメージのことで、これを売り手側が根気よく責任をもって積みあげ、拡大していく作業がブランディングなのです。

フランスの作家サン＝テグジュペリの作品、「星の王子様」に出てくるキツネと王子様の友情を表す会話の一節に、「大事なものは目には見えないんだよ」というフレーズが出てきますが、友情や愛情などと同様に、ブランドも、目には見えなくても大事に育てていけば、かけがえのない価値を創りだしてくれるものなのです。しかし同時に、相手（買い手）のことを考えずに自分（売り手）中心になってしまうと、もろくも崩れ落ちて消え去ってしまうものだとも言えるのです。

それでは、知名度がほとんどない商品をゼロからブランド化するには、具体的にどうすればよいのでしょうか。

ただ愚直に、与えられた仕事を続けていれば、いつかは「わかってもらえる日」が来るのでしょうか。

待っているだけでは何も変わりません。

「近大マグロ」のブランディングの場合、「それ」を意図した明確な戦略がありました。

今から20年近く前。近畿大学水産研究所（以下研究所といいます）が生産する養殖クロマグロ（以下マグロといいます）は、他のマグロと同じように、一部の流通業者を除いて一般の消費者にはほとんど知られていない存在でした。

しかし今では、「近大マグロ」の名を知らない人は日本中にいないくらいのメジャーブランドへと成長したばかりでなく、近畿大学全体のイメージアップ戦略にも大きく貢献するようになりました。

70年近くにも及ぶ研究所の長い歴史の中でいったい何が起こったのでしょうか。

マグロ研究を始める礎となった先人たちの苦労と挫折の中からようやくつかんだ繁栄、そして再び予期せぬ出来事により、失意のどん底へと転落し、赤字にあえぐようになった研究所が、近畿大学全体のイメージアップにつながるほどの大逆転を放ったブランド戦略とはどのようなものだったのでしょうか。

近大マグロブランドについての理解を深めるために、はじめにその重要な役割を担った完全養殖マグロ誕生物語を紹介しましょう。

【第一章】　完全養殖マグロ成功への軌跡

養殖の曙

１９２７（昭和２）年。我が国最初の海面養殖が、瀬戸内海に面した香川県引田村（現、東かがわ市）ではじまりました。

「安戸池」と呼ばれ、自然の地形を利用して入り江をつくり、地元の網元の息子であった野網和三郎によってはじめられました。

入江の入り口に堤防や網で魚が逃げないように仕切ったことから、このような場所での養殖方法を「築堤式浅海養殖法」と呼び、この中で天然から採捕してきたモジャコと呼ばれるハマチの稚魚やアジ、サバ、タイ、クロダイなどの稚魚を放して養殖していました。

養殖業者の間では海面養殖発祥の地として広く知られ、現在でも「ひけた鰤」ブランドとして人気を呈し、日本の養殖産業の発展に広く貢献しています。

時は経過し、まだ戦争の傷跡が生々しく残っていた戦後間もない頃に進みます。

当時、近畿大学初代総長で、国会議員でもあった世耕弘一が和歌山県内を遊説中のことでした。

安戸池（東かがわ市）

当時の白浜臨海研究所附近

演説を聞いていた一人の若い漁師が、突然、世耕の前に歩み出てこう問いかけました。

「先生は復興にがんばれというけど、敗戦で多くの領土を失い、荒れ果てたこの状況で、どうやって復興しろというんならい！」

四方を海に囲まれながら、近海でしか漁ができなかった海の男たちの苛立ちや不安が大きかったのは想像に難くありません。しかし、世耕は青年漁師の問いかけに対して、自信に満ちた様子でこう答えたといいます。

「たしかに我国の領土は大きくはない。しかし、後ろに広がる海を見てみなさい。我国には広大な海がある。これを畑のように耕し利用していけば、やがては産業として発展する大きな可能性があるじゃないか」

畑のように海を耕すというのは、つまり養殖のことだったのです。

白浜臨海研究所誕生

世耕の言葉を受け、１９４８（昭和23）年。和歌山県の南西部に位置する、温泉保養地で有名な白浜町に白浜臨海研究所（現、近畿大学水産研究所）が設立されました。この5年後の昭和28年。のちに養殖業界に偉大な功績を残すことになる、一人の若き研究者が赴任してきました。

京都大学出身の水産学者、原田輝雄でした。

原田は、初代所長だった松井佳一のもとで養殖研究を行う一方、研究所のやりくりを任され１９７６（昭和51）年に第二代所長になってからは、総責任者として研究所を牽引していきました。

仕事は、海水温や比重の記録、漁網の洗浄・修理、魚の餌の調達および給餌や、与えた餌の量の記録、魚の販売や稚魚の調達など、多忙を極めましたが、早朝から晩遅くまで働いても事業を軌道に乗せるところまでは、ほど遠い状態でした。

大学本部からの運営資金は人件費を除いてほとんど支給されず、金策を任されていた原田は、地元の銀行に融資を頼んでまわりました。

しかし、どこにも相手にされず、やっとの思いで地元漁協の協力をとりつけ、養殖魚の餌を買うときはツケで譲ってもらい、育てた魚を売って支払いをするという自転車操業で、毎年ぎりぎりの運営でした。

当然、スタッフの数も慢性的に不足した状態で、原田を筆頭に、十数人いたスタッフは全員、陽がのぼる前の早朝から夜遅くまで、死にものぐるいで働いていました。

原田は魚の様子を観るために、養魚場に隣接する実験棟で寝起きし、昼夜を問わず水槽や養魚池のまわりで魚の観察に明け暮れました。

苦難の養殖事業

このころの養殖方法は、前述の安戸池のように、入り江を仕切って行う「築堤式浅海養殖法」でした。

しかし、この方法には作業員泣かせのいくつかの問題があったのです。

1尾、2尾なら簡単に釣り上げられますが、魚をまとめて取り上げるときには、養魚池に2艘の船を浮かべて、まき網漁のように魚の群れを網で囲い込んで収獲しなければなりませんでした。

このとき船上で網を仕掛ける者と、陸上で魚の群れを探し、船上に指示を出す者とがコンビを組むのですが、研究所では、スタッフが船に乗りこみ、原田が木の上にのぼって指示を出していました。

スタッフの一人だった下岸靖明は、このときの原田の姿がよほどおもしろく映ったのか、いまも鮮明に覚えていると、昔を懐かしむように話してくれました。

船上に指示を出す原田は、いつも養魚池の脇にそびえ立つ大きな松の木に登りました。太い幹に両腕を回して両足をバネにし、スルスルと器用に登っていきました。

そうして適当な場所を見つけると樹上からハマチの群れを探し、「右だ、左だ、前だ、後ろだ、そっちへ行ったぞ、そらっ、もうちょっとこっちや」とハマチの動きを船上のスタッフに伝えたのでした。

ところが原田と息の合った者が舵を握っていないと、養魚場のなかを泳ぎまわるハマチの群れをなかなか取り囲むことが出来ずに、「ちがう、ちがう、そこやない～」「もっと右だ～」と、原田のがなり声が一帯に響き、そのたびに船は右へ左へと迷走しました。タイミングのよいときには小一時間もあればハマチを取りあげられるのに、息が合わないときには何時間もかかり、「寒い時期にはこれが冷とうてな。心臓が止まりそうやった」と、下岸は述懐しています。

築堤式では養魚池の環境の変化にも悩まされました。

大雨が降った後などは、全体に水色の絵の具を溶き交ぜたようなぼやけた色になり、上流から川の水が流れ込むところでは泥水が流入して、まっ茶色になったものでした。

もちろん魚は一切見えません。塩分濃度を測ってみると表層はほとんど真水に近い状態にまでなっていました。

海水は真水より比重が重いので魚も底の方に集まっているのでしょうが、魚にとっては大変なストレスがかかり、中には死んでしまう魚もいたのです。

原田はそんな状況に気を病みましたが、自然の力に逆らうこともできず、天候が回復して元の状態に戻るのを待つしかありませんでした。

また、養魚池の上空では、鷹の仲間であるミサゴが飛来し、スタッフを悩ませました。いまは国の準絶滅危惧種に指定されているほど数が減ってしまいましたが、当時は、大群で養魚池にやってきたといいます。

そして、空中でホバリングしながら獲物を探し、狙いを定めると、あっという間に急降下し、鋭い爪をハマチの幼魚に突き立ててさらっていきました。

せっかく20センチ前後にまで育った大事なハマチの幼魚も、このミサゴの攻撃にはひとたまりもありませんでした。

原田は、手塩にかけて育てた大事な魚をみすみす捕られてしまうのが我慢なりませんでした。狩猟の経験などまったくなかったのに、猟銃所持の許可を取り、ミサゴに発砲しました。

撃ち落とされた数は多くはありませんでしたが、そのうちの1羽は剥製となって、今でも原田の自宅に飾られています。


このように築堤式浅海養殖法は、魚の取り上げ時の労力や鳥の被害、餌の食べ残しによる環境悪化が原因で起こる魚病の発生などの問題のほかに、養殖研究に最も重要な実験データの収集という点でも重大な欠点がありました。

一計を案じた原田は、あるとき、地元の鰹節屋から大きな木樽をいくつか借りてきました。

しかし、陸に置いた木樽では、海の状況を正確に再現できず、測定値がどれほど有効なのかわかりませんでした。

実験の結果に満足できなかった原田は、試行錯誤の末に、今度は岸の近くにいかだを浮かべて、網囲いの小さないけすをいくつもつくりました。

これだと潮の流れのある海の中なので、自然に近い状態でハマチを養殖できるのです。

これを原田は「小割り式」と呼び、給餌の際の量や回数など、異なる飼育条件下での成育状況を観察する比較試験が出来るようになりました。

この方法は、網を付けたいけすをいくつも連結して海面に浮かべて魚を養殖することから「小割式網いけす養殖法」といわれ、現在では世界中の多くの国々で、最もポピュラーな養殖法として取り入れられています。

この発明により我が国の養殖事情は大きく変わり、研究所の原田の名前は、養殖業界では一目おかれる存在になっていきました。

小割式いけす

しかし一方で、これほどの効果をもたらした発明だったにもかかわらず、特許や商標はいっさい申請されることはなく、今では原田が考案したことすら忘れ去られようとしています。

恐怖の台風

水産研究所をバックアップしてくれていた地元の漁業協同組合のおかげで、事業も徐々に順調にまわりだし、養殖ハマチの売上は貴重な収入源となっていきました。

しかし、養殖事業は自然との闘いでもありました。

研究所がある和歌山県の白浜町は、紀伊半島の南西部に位置し、台風の直撃を受けやすく、いけすのロープを固定するなど、周到に準備をしても自然の猛威にはかないません。

出荷を間近に控えたいけすのハマチが大量に逃げてしまったことも一度や二度ではあ

りませんでした。

スタッフの下岸はこう述懐しています。

「嵐がおさまっていけすを見に行ったら、あっちこっちに竹がプカプカ浮いている。いけすが波でバラバラになったわけさ。本体が壊れたら網だってただではすまない。あのときはゾッとしたね、出荷を控えていたハマチをみんな逃がしてしまったんだから」

自然災害とはいえ、魚を逃がしてしまう失態は魚飼いとしてのプライドが許しませんでした。研究所内には暗黙のうちにかん口令が敷かれ、外部に情報が漏れないようにみんな神経をとがらせていました。

そして逃げた魚を少しでも取りもどそうと、いけすのまわりに網を仕掛けたり、逃げた魚を釣上げたりして回収に必死になっていました。

ところが、どこからともなく町の人たちにはこの事実が漏れ伝わっていました。

「養殖の魚が逃げたらしいで」

「今、ハマチがよお釣れてるで」

高級魚のハマチがタダで手に入るチャンスです。台風一過の青空の下で、湾内のそこかしこで釣り竿がずらりと並び、さながら「自然の釣り堀」のように大物を釣り上げて歓声をあげる町の人たちで沸きあがりました。

台風の被害は頻繁に起こりました。収入の乏しい水産研究所のスタッフたちは打たれても打たれても、不死鳥のごとく必死になって働き続けました。

早朝の餌の買い出しから給餌、網の手入れ、魚の観察、いけすの補修などの作業に追われ、朝食を食べる時間もなかったといいます。

むろん陣頭指揮をとっていた原田も働きずくめの毎日でした。

当時は停電が日常茶飯事で、電気が止まってしまうと、陸に設置してある実験用の桶に汲みあげていた海水の供給もストップし、魚を酸素不足で死なせてしまいます。そのため原田は実験棟でおこる些細な変化も見逃すまいと、結婚して間もない原田の新妻、かをるまで実験アシスタントとして使っていました。

かをるは述懐しています。

「私は主人に代わって夜中じゅう水温と比重を計って記録したものよ。前例のない実験だったので、目を離すわけにはいかなかったわねえ」

かをるは、宿舎の管理や食事の支度も手伝っており、ゆっくり寝る暇もなかったといいますが、何かに取り憑かれたように研究に打ち込む夫の姿を見ていると、文句はいえませんでした。

研究とビジネスの両立

原田ら研究所のスタッフは皆、金のない分知恵をふりしぼりました。悪条件は気力と体力で乗り越えて行きました。とはいえ、やはり先立つものがなければ研究は続けられません。

原田は1円でも多く研究費を稼ごうと、ウロコが剥がれ落ちたものや、網で目玉がすれてつぶれた魚まで売りに出しました。

地元の鮮魚店や漁協の厚意のおかげでそんな無茶も通りましたが、エラまで白くなりかかった魚を手に、「これを市場に売ってきてください」といわれたときは、スタッフの下岸もさすがに閉口したものでした。

後年、水産研究所が養殖魚の種類を増やし、白浜で直接販売するようになってからのことです。

大阪から白浜まで魚の買い付けにいった「南竹商店」の南育夫社長が、たまたま対応に出た原田から直接魚を購入することになりました。

原田は、ヒラメだけの購入を考えていた彼に、「トラフグも安くしておくので、ついでにどうですか」と半ば強引に売り込んできました。

ところが、後日、請求書が届いて彼は仰天しました。値下げどころか、相場以上の立派な値段がつけられていたのです。

「原田先生は、なかなかの商売人やったなあ」と、南は笑いながら当時をふり返ります。

研究費を捻出するために、なりふりなどかまっていられなかったのでしょう。しかし研究所のこうしたやり方に、学問の世界では反論を抱く者も少なからずいたのです。

ある年、広島県で開催された「水産学生連盟集会」の席上で、出席者の一部から「近大は金儲け主義で魚を飼っているだけじゃないか。近大のやっていることは学問じゃない」となじられたことがありました。

オブザーバーとして出席していたスタッフの下岸は、「学問は何のためにあるんや、生きるために必要やから研究するんやろ。生きるためにはお金が必要や！　金儲けのできん研究なんて漁師はついてこんし、産業も発展せんやろ」と反論しました。

場内に一触即発の険悪な雰囲気がたちこめた時でした。

そこに原田が割って入ったのです。

「学問もお金儲けも両方必要です」

養殖研究の第一人者だった原田の登場でその場はおさまったものの、近畿大学内部でも露骨に原田を批判する者もいました。

「原田君のやっていることは学問ではなく単なる事業だ。金儲けばかりに集中して論文があまりないじゃないか」

「論文のない事業なんて、大学にとっては意味がない」

こうした批判に対して原田は、「産業に活かされてこそ研究は意味がある」と部下たちに説き、ひたすら実学の精神を貫きました。

しかし、大学という世界では原田のようにビジネスセンスを備えた研究者は、ある意味異端者扱いをされていました。

「研究所が繁栄できたのは、原田先生が商売上手だったおかげ」と、かつての部下たちは、いまも折りに触れてカリスマ的リーダーだった原田を称えています。

この風潮は今もあまり大きくは変わっていませんが、学生のベンチャー事業支援や少子化による大学経営問題がクローズアップされるようになった昨今では、「文金両道」の実学主義を曲げなかった原田のあり方の中に、解決のヒントが隠されているとも言えるのではないでしょうか。

画期的マダイの開発

水産研究所で養殖された魚は、主に地元の漁協や鮮魚店に出荷されていました。学内や学会からは、単なる養殖業者だとバッシングされるなかで、地元の理解は大きな支えでした。

卒業生が各地の市場などに就職するようになり、次第に販売にも力を貸してくれるようになりました。

ところがこれほどまで努力しても、養殖魚の評価はあくまで天然魚が獲れない時の補完的な位置づけで、物珍しさばかりが注目され、品質についての評判は必ずしも良くありませんでした。

「養殖魚は脂がギトギトする」、「イワシ臭い」などともいわれ、プロの仲買人たちの評価は厳しいものでした。

天然の魚がまだ豊富に獲れた時代だったから無理もないのですが、新しいものにはすぐに興味を示す日本人も、養殖魚に関しては、すんなりと受け入れるということはありませんでした。

それでも昭和30年代なかばになると、ハマチの養殖事業がなんとか軌道に乗るようになりました。

そのうちに、資金面でも人材面でも新たな研究をはじめる余裕ができるようになり、原田は他の養殖業者に先駆けて、選抜育種法による品種改良の研究にも手をひろげていきました。

選抜育種法とは、優秀な親同士を選抜して集め、遺伝子操作などは一切せずに自然交配させて優秀な魚をつくりだし、これを幾世代も繰り返して品種改良していくことをいいます。

マダイを例にあげると、まず、海上のいけすから、大きくて見た目も美しいものを選び、親魚になるまで陸上の水槽で育てます。

そして、この親魚から生まれた、優秀な遺伝子を持ったマダイを育て、前の世代と同様に選んで育てていきます。

こうした一連の作業を幾世代も繰り返すことで、色が美しくて成長も早く、しかも病気にも強いマダイがつくりあげられるというわけです。

天然から採捕してきた稚魚を養殖する従来のマダイ養殖と比較すると、天然産が1キログラムまで育てるのに約3年かかっていたのに対し、研究所が開発したマダイだと、約1年半で同じ大きさにまで成長するようになりました。

単純に考えると、養殖にかかる期間が半分で済むので、台風や赤潮など自然災害に遭うリスクは半分になり、同様に餌や労働力も半分で済むということです。

これは革命的な技術開発でした。

研究所はこれを養殖用種苗（稚魚）として全国の養殖業者に販売するようになると、

たちまち大評判となり、稚魚を求めて殺到するようになりました。「濡れ手に粟の大儲け」のジョークも飛び出すほどの大きな利益を生み出すようになっていったのです。

これを機に、全国の養殖マダイ生産量は一気に増え、結婚式などお祝いの席でしか食べられなかった「真鯛のおかしらつき」が、近くのスーパーに行けばいつでも手に入るようになりました。

研究所にとって「金の成る木」となったマダイ稚魚の販売は、開発から30年以上が経ち、近大マグロブランドが一世を風靡するようになった今でも収入の中心的役割を担っています。

ところが、その売上げは以前ほどではなくなっています。

経済環境の悪化も一因ではあるのですが、マダイ種苗（稚魚）を生産する他の業者が、研究所から購入した近大マダイの稚魚を育てて、同じように選抜育種法をくり返し、近大マダイの優良な遺伝子を持つ稚魚を生産して販売するようになってしまったことも大きな原因のひとつだったのです。

じつは、こうした近大マダイの技術には特許がかかっていません。

30年以上も前の和歌山県の片田舎にある小さな研究所に、特許の申請や商標の登録、新しいビジネスモデルの構築などという発想が生まれなかったのも無理のないことだったとは思いますが……。

マグロ養殖はじまる

1970（昭和45）年、水産庁（現・農林水産省）からの委託で、マグロ養殖研究プロジェクト「マグロ類養殖技術開発試験」への参画が決まりました。ちょうど、選抜育種法により近大産マダイの評価が徐々に上がろうとしているころでした。

しかし1970（昭和45）年から3か年計画でスタートしたプロジェクトは、クロマグロではなくキハダマグロとクロマグロの幼魚であるヨコワの飼育にとどまっていました。期間が3年間と短く、詳細な生態もわからないクロマグロの研究はあまりにもハードルが高すぎたのです。

近大の学内でも、プロジェクト参入に反対する意見は多くありました。だが、ひとたびクロマグロ研究への情熱に火がついてしまった原田の気持ちは、もはや誰にも消すことはできませんでした。

原田は早速、ヨコワを入手しようと、地元の漁師たちに頼みこみました。

「ヨコワを生きたまま？　そんなの無理に決まってるやろ！」

「お前らあほか！　常識ないな」

漁師たちは嘲笑し、聞く耳を持ってくれませんでした。

原田が研究所の前にある養魚池を利用してハマチを飼おうとしたときにも、「お前ら何にも知らんのう、こんな池でハマチが飼えるもんか！」と馬鹿にされたといいますが、研究所の数々の取り組みは、自然界を相手に天然魚を獲っていたプロたちには常識外れの研究テーマばかりだったのです。

ヨコワは驚くほどデリケートで、手でつかんだだけでその部分がただれたようになってほとんどが死んでしまうのです。

生きたままで届けてほしいという要求は、どう考えても無理な相談でした。

しかし原田はあきらめませんでした。

「手で触らなければ……」

原田は来る日も来る日も考え、ある時、カツオの一本釣り釣法にヒントを得て、「かえし」のない釣り針（スレバリ）を漁師たちに渡しました。

魚がかかったときに逃がしてしまう確立は高くなってしまうのですが、船上に用意したバケツの中心にテグスを張り、これにヨコワの口をひっかけると、手で掴まなくても釣り針が簡単に外れ、魚を傷つけないで船倉に活けこむことができると聞いたことがあったからでした。

「この針でヨコワを釣ってみてください。そして釣りあげたらなるべく手で触らんようにして、ヨコワを活かしておいてください」

手間がかかる分、買い取り価格は高くなりましたが、この試みは大きな進歩でした。生きたヨコワが少しずつ手に入るようになったのです。

技術員たちは細心の注意で取り扱い、いけすに放しました。そして、わが子を育てるようにヨコワを見守りました。

だが、喜んだのもつかの間。数日も経たずにすぐに死んでしまいました。このようなトラブルが毎日のように続き、またたく間に3年が過ぎてしまいました。

国からの研究資金は打ち切られ、近大と同時に研究をスタートさせた東海大学、静岡県、三重県、長崎県などの各水産試験場は、次々と研究から手を引いてしまいました。

それでも原田はあきらめませんでした。

「研究資金はマダイの稚魚が売れているおかげでなんとかなる。今は利益に結びつかなくてもこのまま研究を続けよう」

寝食を忘れて研究に没頭し、実績に結び付けてきた自負心と、第二代近畿大学総長世耕政隆の力強い後押しのおかげで、原田は落ちこむ職員たちを鼓舞し、再び研究に挑んでいきました。

養殖マグロの産卵

日差しが厳しい夏のある日、技術職員の岡本茂は、その朝もいつものように給餌作業をはじめました。

作業をしながらマグロの様子を観察していた彼

遊泳する養殖クロマグロ（写真はイメージ）

は、いつもと違ってマグロがざわついているのに気づきました。

よく見ると、水しぶきをあげて1尾のマグロを複数のマグロが追いかけ回しているではありませんか。

「これは追尾行動に違いない！」

追尾行動とは産卵するときに見られる特異な行動なのです。

早速昼のミーティングで、ついさっき目にした光景を皆に報告しました。

「卵が採れるかもしれない」

この報告で急きょ、監視体制が強化され、早朝から夜遅くまでマグロの行動を観察することになりました。

監視から数日たったある日、海面が白く濁った瞬間がありました。

「産卵だ！」

産卵行動の瞬間を監視員は見逃しませんでした。

すぐに陸上に戻ってスタッフや卒業研究のために滞在していた学生たちにも声をかけ、

採卵の手配に奔走しました。

間もなくすると、スタッフたちはいっせいにプランクトンを採集するときに使う編み目の細かなタモをもっていけすのふちに並びました。

みな、一粒でも逃すまいと夢中でした。

タモですくうとすぐに、船上に用意した100リットルほどのポリカーボネート樹脂製のパンライト水槽にすくったばかりの卵を移していきました。

ひとしきり作業を終えるとすぐに実験棟へと戻り、水槽の中身を慎重に陸上の専用水槽に移しかえました。

翌日の夜遅く、ふ化がはじまりました。

ふ化したばかりの仔魚は体長が3ミリ程度。ミジンコと同じくらいの大きさです。

スタッフたちは顕微鏡を使って入念に観察しました。栄養源の卵黄を含んだ大きな油球を腹に抱え、透明な魚体の中央近くにマグロ特有の青い点がはっきりと確認できました。

「間違いない、クロマグロだ!」

海から捕ってきたヨコワが、人工管理のいけすで育って、ついに卵を産んだのです。

翌日、その卵は次々と順調に孵りました。

1970年に実験がスタートしてから9年目の快挙でした。

「これで完全養殖に向けて大きく前進できる！」

スタッフたちは世界初の快挙を夢見て大いに盛り上がりました。

しかしこれは、その後にたちはだかる、これまでに経験したことのない、20数年間にも及ぶ、長くて先の見えない厳しい闘いの始まりでしかなかったのです。

立ちはだかる試練

研究者たちが天然からクロマグロの幼魚を採捕し、親に育てて産卵させ、さらにその卵が親となって卵を産むという、完全養殖を達成するまでには、マダイやハマチ養殖で豊富な経験を持つ研究所のスタッフたちも匙を投げだしてしまいたくなるような、マグロ独特の大きな4つのハードルがありました。

研究スタッフたちはマグロの飼育には、マダイの開発で培ったノウハウが応用できると思っていました。

ふ化したばかりの仔魚は腹に卵黄をつけており、これをふ化後1～2日で吸収しつくすと、口が開いて餌を食べはじめます。

餌を十分に食べられなければ、仔魚たちは栄養失調でたちまち死んでしまいます。マダイと同じようにプランクトンの一種のシオミズツボワムシを与えました。よく観察すると餌は食べています。順調に育つかと思われました。

しかし、翌日には仔魚は無残にも大量に死亡していました。ふ化後1週間以内でその死亡率は99・8％にもなっていました。

マダイなどの他の養殖魚と比較して異常な高率で死亡する「初期減耗」という、一つ目の大きなハードルでした。

それでも、ふ化後2週間ほどたつと、生き残った仔魚は体長1センチくらいにまで成長しました。

しかし胸をなでおろした矢先に、また次々と死にはじめたのです。

調べてみると腹のなかが空っぽでした。

魚の養殖は成長段階に応じて、順次栄養価の高い餌に変えていかなければいけないのですが、何を与えればよいのか見当がつきませんでした。

マダイと同じ餌をマグロの仔魚にも試してみましたが、見向きもしませんでした。

仔魚はその後も次々と死んでいきました。

それでも、一部は稚魚にまで成長し期待を抱かせましたが、結局ふ化後47日目で全滅してしまいました。

死因は栄養不足でした。

「餌の問題」。研究者を迷宮に陥れるかのように立ちはだかった二番目の大きなハードルでした。

翌年もマグロは産卵し、研究者たちは色めき立ちましたが、このハードルを越えることはできませんでした。

ある日、研究者たちを悩ませていた餌の問題で、思いがけず解決の糸口が見つかりました。

実験のためにスマカツオの仔魚を入れていた水槽に、学生が誤ってイシダイのふ化仔魚を入れてしまったのです。

スマカツオとイシダイの仔魚は見分けがつきにくく、学生が間違いに気づいたときは後の祭りでした。カツオの仔魚たちが、イシダイの仔魚を食べはじめていました。

学生は「えらいことをしてしまった」と慌てました。しかし研究陣は、この状況に、目を見開きました。

「マグロもカツオも同じサバ科だ。マグロにも同じ餌を与えれば食べるかもしれない！」

１９８０（昭和55）年の夏、６歳になったクロマグロの親魚が再びいけすで産卵し、陸上の水槽に移された卵は、前年と同じようにふ化しました。

今回は、プランクトンの次段階の餌として、学生の失敗から得た結果を試そうとイシダイの生きたふ化仔魚を与えてみました。

クロマグロの仔魚は、カツオの仔魚と同じようにイシダイの仔魚を活発に捕食し始めました。

偶然の失敗によりヒントを得たこの発見は、マグロの完全養殖達成に向けての大きな前進となりました。

二番目のハードルを乗り越えて、研究者たちは2～3センチにまで成長した稚魚の飼育に没頭しました。

ところが、イシダイのふ化仔魚が足りなくなってしまいました。

結局この年はふ化後30日までしか飼育できませんでした。

研究スタッフたちは心酔する原田の教えを忠実に守り、再び研究に明け暮れました。

「わからないことは魚に訊け！」

「魚はもちろんしゃべりはしない。だから彼らは自らの死をもってアピールするのです。彼らの死を1尾も無駄にすることの無いよう徹底的に観察しなさい」

この教えは今も研究所の金言として、スタッフたちに忠実に引き継がれています。

餌となるふ化仔魚を十分に提供できるよう、イシダイの数を増やし、研究チームは次回の産卵に備えました。

翌翌年、少量の産卵によりふ化仔魚を得ることが出来ました。

過去の失敗を活かしながら、飼育は順調に進み、偶然の発見によるイシダイのふ化仔魚を給餌することで成長速度も急激に伸びてきました。

ハードルをクリアし、陸上施設から沖のイケスへと「沖だし」する段階へと進めそうだと思った矢先の出来事でした。

「共食い」が始まったのです。

原因はわかりませんでしたが、それがたとえ同じ親から生まれた兄弟であったとしても近くにいるものに見境なく跳びかかろうとするフィッシュイーターゆえの悲しき性としか言いようがありませんでした。

またもや新たな第三のハードルが目の前に立ちはだかったのです。

後になってわかったことですが、共食いはやはり餌不足が主な原因だという事が判明しました。

この年はふ化後57日目で全滅してしまいました。

この後マグロは11年間も卵を産まなくなってしまいました。

そしてこの「空白」の11年の間に研究所は未曽有の大試練を経験することになるのでした。

マダイパンデミック襲来

マグロが産卵しなくなり、和歌山県串本町にある近大水産研究所大島実験場の研究スタッフたちが頭を悩ませていた１９９０（平成２）年の夏、日本中の養殖業界を震撼させるような事件が起こりました。

四国のマダイ養殖場でマダイイリドウィルス病が発生したのです。

このウィルスはマダイばかりでなくほとんどの魚に感染し、感染した魚は元気がなくなり、なんとなく色がぼやけた感じになり、やがて死んでしまいます。

東京都江戸川区の葛西臨海公園で発生したマグロやカツオの大量死の原因も、真っ先にこの病気が疑われたくらい恐ろしい病気なのです。

翌年、和歌山県の白浜にある近大の養殖場にもこのウィルスは音もなく侵入してきました。

マグロの研究資金を支えていた研究所のマダイ稚魚販売事業が、水中に仕掛けられた機雷にふれて大爆発を起こしたような打撃を受けました。

相次ぐ注文キャンセルに続き、すでに出荷していた稚魚代金の支払い拒否、さらに死亡した稚魚の廃棄費用まで求められる状況となってしまいました。

さらに、悲劇はこれだけでおさまらなかったのです。


同年6月24日。研究所にＮＨＫテレビの取材が入った時のことでした。

養殖研究の第一人者として知られた存在になっていた原田が、インタビューに応じていた時でした。

突然、誰も予想をしていなかった事態がおきました。

原田がテレビカメラの前で、崩れ落ちるようにして突然倒れてしまったのです。

原田はすぐに救急車で病院に搬送されましたが、スタッフたちの必死に祈る気持ちも届かず、意識が戻らないまま4日後に息をひきとりました。

かけがえのないカリスマ指導者を失い、残されたスタッフたちは言いようのない不安と悲しみに包まれました。

しかし、一気に収支が暗転した研究所は、悲しみに沈んでいることさえ許されなかったのです。

すぐに後任の教授が第三代所長に任命され、業務は従来通り進められていくことになりました。

3年が過ぎ、10年が経っても研究所の収支は改善しませんでした。

長年、原田の元で働いてきた研究者たちは、「原田先生が（収益の中心だった）マダイも一緒に天国に持って行ってしまった」と、偉大な功績を残したトップの死と研究所の窮状を嘆くしかありませんでした。

創設以来最大の危機となりました。

完全養殖への最後の壁

1994（平成6）年、マグロが11年ぶりに卵を産みました。

研究スタッフたちはこれまでの失敗を糧に、知見を研き多くのノウハウを培ってきていました。

「今度こそは」の思いで完全養殖達成に向けての再スタートが切られました。

最初のハードルだったふ化後1週間以内に起こる大量の「初期減耗」は、飼育環境の工夫により、ある程度改善されてきました。

二番目のハードルとなった「餌の問題」は偶然の発見により、イシダイやマダイのふ化仔魚を与えることで大きく前進しました。

また、三番目のハードルとして立ちはだかった「共食い」の問題は、常におなか一杯になるようこまめに餌を与えることで、これもある程度改善されてきました。

「ここまでくればあとは海上のいけすに稚魚を移す『沖だし』を経て養成するだけだ。

いけすでのノウハウは、最も得意とするマダイ養殖などで豊富に持っている」

細心の注意を払いながら飼育は順調に進み、いよいよ「沖だし」の時がやってきました。

研究スタッフたちは1尾ずつ慎重に扱いながら、海上のいけすへと移していきました。

翌日。イケスに行くと、血の気が引くような信じられない光景が目に飛び込んできました。またしても大量死です。

網を手繰り寄せてみると底の方にも大量の稚魚が沈んでいるのが見えました。

原因不明の四番目のハードルがあざ笑うように研究スタッフたちの前に立ちふさがりました。

「わからないことは魚に訊け！」

故人となった原田の言葉を胸に、折れそうになる心を奮い立たせ、黙々と死亡した魚を回収するとともに、その原因を徹底的に調べていきました。

「頭の骨が折れている」、「全身に擦り傷がある」、「顎が裂けている」、ほとんどの検体は何かに激突したような兆候を示していました。

ある時、懐中電灯の光で陸上水槽の壁に突進するマグロが観察されました。調べてみると沖だしした稚魚と同様に頭の骨が折れていたのです。

「マグロは光や音に異常に反応して激突死するんだ！」

こうして第四のハードルは「激突死」として立ちはだかりました。

マグロは成長にともない筋力が発達してくると、どんどん高速で泳ぐようになります。ところがこれに対して速度や方向を調整するための胸びれや腹びれの発達が追いつかないため、目の前に障害物が迫っても、方向転換がうまくできず、そのため激突してしまうのだろうという事がわかりました。

しかし、いくら原因が分かったといっても、依然として解決策は見出せませんでした。

海上のいけすは道路からそう遠くないので、夜釣りの釣り人などが車で近くの護岸に乗り入れたりすると、ヘッドライトの光が当たってしまう事もあります。

サンマなどを獲るために、海面を照らして行なう棒受け網漁も、いけすの近くで行なわれることもあるのです。

それに、夏から秋は雷も多く発生するし、夏祭りの花火大会も大きな光と音を発します。

「どのようにしてさえぎろうか」

漁業者に漁をやめてくれともいえず、ビニールシートでいけすの周りを覆ってみたりしましたが、労力をかけた割にはあまり大きな効果は生み出せませんでした。

一方で、いけすのサイズを大きくしてみたところ、これは比較的大きな効果がありました。

このように、様々な試行錯誤を繰り返しながらも、何とか実験を継続していける程度のマグロが生き残るようになり、効果が徐々に現れるようになってきました。

こうしていけすのなかで産まれた卵は、仔魚期や稚魚期を乗り越えて成長し、2年、3年と順調に育ち、6年目を迎えた秋のことでした。

マグロを食った大きな淡水魚

２００１（平成13）年、クロマグロの実験場がある紀伊半島を台風11号が襲いました。アジア名をバブーク（大きな淡水魚）と名付けられた非常に強い台風でした。串本町の潮岬では最大瞬間風速38・２メートルを記録しました。

「せっかくここまで育てたマグロを絶対に死なすわけにはいかない！」

研究スタッフたちはいけすのロープをしっかりと結び直すなど、万全の対策をしてその日の作業を終えると、ハラハラしながら台風情報に耳を傾けていました。

「どうか、被害が出ませんように」

みな祈るような思いで、台風が過ぎるのを待っていました。

しかし、21日の午後になると、和歌山県内の各地で住民が避難をはじめたほど、雨の量は勢いを増していきました。

午後６時、ついに隣町を流れる川のダムのゲートが開かれるほどの雨量に達しました。

緊急放水です。

川の水量は一気に増え、下流では数千世帯に避難勧告が出されました。

翌朝、台風一過の空は青々と晴れわたりました。しかし、海は味噌汁のように濁り、いけすの中は不気味なほど静まり返っていました。

大小10基近くあったいけすのマグロはすべて甚大な被害を受けました。

人工ふ化で生まれ、１００キロを超える大きさにまで育っていたマグロが、たった20尾にまで減ってしまい、研究者たちはまたも、持っていきようのない絶望感に包まれました。

皮肉にも「大きな淡水魚」と名付けられた台風に、「大きな海水魚」クロマグロのほとんどが飲み込まれてしまったのでした。

被害総額はマグロの年間売り上げに相当するほど甚大なものとなってしまいました。

しかし、金銭的な打撃もさることながら、最前線にいる研究者たちには、手塩にかけて育ててきた貴重な研究材料を大量に失い、精神的な痛手は到底言葉に言い尽くせないものとなりました。

世界初完全養殖達成

奇しくもこの絶望的な出来事があった翌年。台風11号の惨禍を逃れ、生きのびたマグロがついに産卵し、近畿大学水産研究所は世界初のクロマグロ完全養殖を達成しました。多くの反対の声を押し切ってマグロ研究を継続し、この夢の実現を見ることなく他界してしまった故原田輝雄が倒れてから、ちょうど11年が経った6月のことでした。

この約10日後、遅まきながら研究所は大学本部広報課にも協力を仰ぎ、プレスリリースを発表しました。

この日の夕方のニュースでは、資源枯渇が危惧されるなかでのクロマグロ完全養殖達成の快挙を、各テレビ局が一斉に報じました。

しかし一方で、研究者たちが次々と難問を解決していた頃、水産研究所の経営は悪化の一途をたどり、雪だるま式に増えていく赤字は、背負いきれないところまで追いこまれていたのです。

◆コーヒーブレイク

いけすにサメが！

それは作業中の出来事でした。

現場のスタッフがいつものようにいけすに潜り、餌の食べ残しや死亡魚を回収していたところ、回収した体長５、６０センチのマグロに、何か大きなものにかじられたような跡が見られたのです。

この大きさになると共食いなどは考えられません。

ひょっとして得体の知れないものがいるんじゃないかと注意深く探してみますが、それらしき姿は見えませんでした。

しかし、担当スタッフたちは、次第にいけすでの潜水作業をためらうようになっていきました。

「絶対に、なんか大きいヤツが中におるで」。こんなうわさ話がスタッフの間に広まっていきました。

得体の知れないその生き物は、作業中の現場スタッフに、時折、尻尾らしきものを見せるだけで、警戒してなかなかその姿を現わしませんでした。

本当にいるかどうかも疑わしい。何かと見間違えたのかもしれない。

そのうちスタッフたちも、中断していた潜水作業を再開するようになりました。

ところが、養殖場にいつもの光景が戻ってしばらくたったころ、異変が突然起こりました。

「サメやっ！」

潜水作業中の一人が、あわてて飛び出るように水面に浮上してきました。水深10メートルの網の底で作業を行っているときは、マグロを驚かせないためにもゆっくりと浮上しなければなりません。しかし、このときはそんな余裕など全くありませんでした。体長2メートルをこえるサメが、スタッフの目の前を悠然と通りすぎていったのです。研究所は騒然となり、一気に緊張の糸が張りつめました。

さっそくスタッフを集めてサメ退治作戦がはじまりました。

最初は、サメ用のはえ縄仕掛けで釣り上げようとしましたが、釣り針にはかかりませんでした。

こうなると水中銃で撃つしかない。渋々ではありましたが、数名が指名を受けて、水中銃を片手にいけすに潜っていきました。

そして、同士撃ちとならないように、直径30メートルあるいけす内の対角線上の四隅にそれぞれが待機。

サメがあらわれるまで持ち場を絶対に離れてはならないと事前に取り決め、サメが視野に入った瞬間、至近距離の者が仕留めようという事になりました。

10分ほどすると、スタッフの岡田の目の前にサメが突然あらわれました。

あわてて銃を撃つ。だが、サメ肌というだけに皮が固くモリが通りません。彼は焦りました。自分より大きなサメに至近距離から逆襲されたらひとたまりもありません。

「当たれ！」

運良く二発目の水中モリがエラに命中。サメは暴れましたが、彼は急いで海面へと浮上しました。

それを合図に、船上で待っていた別のスタッフが電気銛を打ちこみました。

アオザメ（写真はイメージ）

いけすは、またたく間に赤く染まっていきました。

地元では「アバレ」と呼ばれ、ヒトを襲うこともあるといわれる凶暴なアオザメの一種でした。

結局、サメがどのようにしていけすに入り込んだのかは、いまだに謎のままです。

【第二章】　ブランド戦略を考える

クロマグロの完全養殖を世界で初めて達成したものの、学術論文だけでは1円の収入にも結びつかず、水産研究所の収支は相変わらず大きな赤字のままでした。

このままではせっかくの偉業が無駄になってしまう。

このとき成魚の販売を買って出ていた私は、なんとか売上げにつながる良い方法はないだろうかと模索していました。

実を言うと、「完全養殖」という言葉をはじめて聞いた時に、私はその意味をはっきりと理解できていませんでした。

恥ずかしながら、「完璧に美味しいマグロが出来たのか」と、笑い話にもならないような誤解をしていたのです。

みなさんは既にご存知だとおもいますが、「完全養殖」とは、図のように養殖の一連のサイクルをすべて人工管理によって行うことで、天然から幼魚、または若魚や成魚を捕獲して肥育する「蓄養」とは、単に養殖形態が異なるというだけで、品質とは何の関係もなかったのです。

この方法で育てられたから完璧に美味しいという私の思い込みは、単なる期待であって全く根拠のないものでした。

民間での経営経験

話はさかのぼりますが、原田が他界して4年後の1995（平成7）年、私は水産研究所に事務長として着任しました。

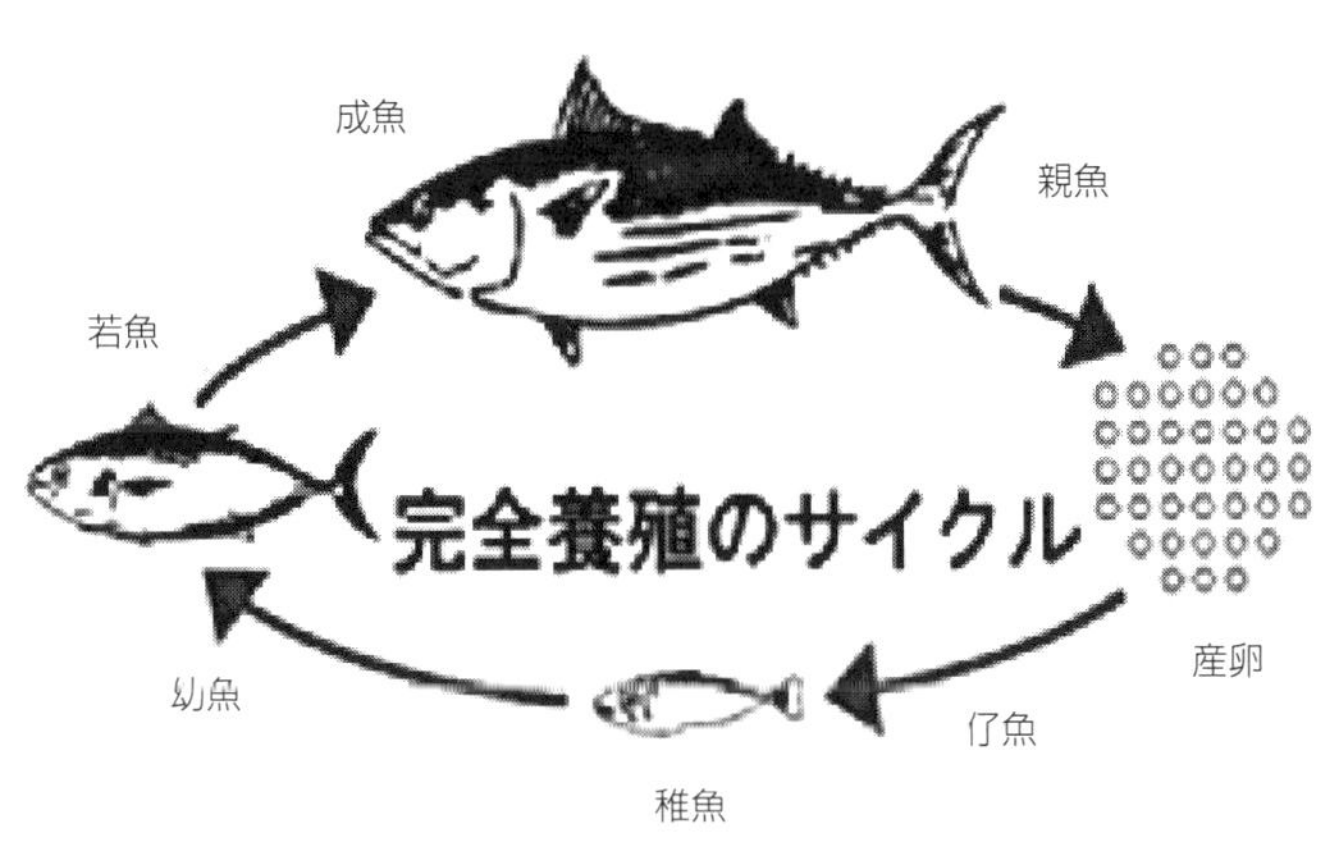

出典：近畿大学

それ以前は、近大が関係する和歌山県の缶詰会社に経営者として大学から出向していました。

この6年間にわたる小さな民間企業での経営経験が、大学組織に定着していた、改革や変化への強い抵抗を打ち破るための貴重なエネルギーとなりました。

私は着任するとすぐに、研究所の窮状を所長から聞かされました。

バブル崩壊による魚価の下落や、ウィルス病によるマダイ販売事業の不振など、民間企業の経営経験から事業収支に関心が強かった私は、他人事のように淡々と語られる説明に少し違和感を覚えたものでした。

着任して3年が過ぎても相変わらず研究所は赤字のままでした。

収入を支える主力商品であったマダイ稚魚の販売単価下落に加え、業界でのシェアも下がり続けていました。

それでも、「良いものをつくってさえいれば、販売は後からついてくる」という考えと「みんな一生懸命やっているのだから仕方がない」という現状容認の意見が支配し、赤字額はどんどん膨らんでいく一方でした。

戦後間もない頃で、ものが不足している時代であれば、この考え方はある意味、間違ってはいなかったと思いますが、ものがあふれ、競合相手が多く存在するようになった現代では、「良いものはマーケティングによってつくられる」という、プロダクトアウトからマーケットインへと変わってきた時代の変化も戦略に組込んでいかねばならなかったのです。

求められる新しい発想

実をいうと、マダイ稚魚販売事業の収支悪化の原因は、マダイイリドウィルス蔓延による販売不振やバブル崩壊による魚価下落の影響だけではありませんでした。

研究所では、顧客とのコミュニケーションが絶対的に不足していたのです。

近大によって画期的なマダイが開発された当初は競合する業者も少なく、マダイ稚魚の販売市場はほぼ独壇場だったのですが、顧客からの苦情や市場の動向に耳を閉ざしている間に、競合する業者が台頭するようになって品質も向上させていったのです。

やがて、その稚魚が市場に出回るようになり、「近大産マダイ」の魅力はすっかり薄れてしまいました。

開発当時「近大マダイ」は通常のマダイより成長が二倍も速かったのですが、開発したときに特許や商標を取るなどの考えはありませんでした。

もし当時に将来を見越すブランド化などの考えがあったなら、市場がライバルで溢れかえったり、価格競争の渦に巻き込まれたりするようなことにはならなかったかもしれません。

たしかに、養殖の世界では特許を取ってもそれが守られず、利益に結びつけるにはむずかしいという見解もありますが、商標登録や販売方法などの工夫をすれば、なんらかの形で異なったビジネス展開が可能だったのではないでしょうか。

少なくとも「近大マダイ」というブランド力は高い付加価値となって残っていたことでしょう。

大学という組織には構造的にこういう弱さがあったのです。

利益確保が厳しくなっても、教育や研究のためだからと、自ら聖域を設けて現実から目を背けようとしてしまうのです。

景気が悪いからとか、予想外のウィルス病が発生したからとか、個々ではどうしようもない、ダメな理由ばかりを挙げて、改革できない現状を正当化してしまう傾向があります。

経営改革に取り組もうとしているのなら、不毛な理屈や説明に時間を費やすのではなく、何をしなければいけないのか、結果をどう残さないといけないのかをしっかりと見据えて、目的を明確にし、その達成に向けて実践していかなくてはなりません。

出来ない理由を百個見つけ出したとしても、現状は何一つ変わることはないのです。

改革への抵抗

クロマグロの完全養殖を達成する1年程前。

収支悪化の危機を叫びながら販売力強化にむけてあれこれ考えをめぐらせていた私は、近畿大学の第三代理事長、世耕弘昭から呼び出され、理事長室で面と向かってこう告げられました。

「このまま収支改善の見込みがないのなら、研究所は閉鎖する」と。

実は研究所閉鎖の話は、突然ふってわいた訳ではありませんでした。すでに近畿大学本部の経営陣のあいだでは少子化による大学経営難時代の到来が危惧され、不採算部門のカットがささやかれていたのです。

私は理事長の睨みつけるような視線を感じながら次の言葉を待っていました。

理事長はこう続けました。「この際思いきって会社を作り、販売力強化を図ったらどうだ」

予想外の言葉に一瞬戸惑いました。

しかしすぐに、「これは現状を打破する起爆剤になり得るかもしれない。いや、しなければならない！」

私は、変化することに強い抵抗を示す研究所に新しい風を吹き込む希望のカンフル剤として理事長の言葉を置き換えました。

そして、早速白浜に戻って会社設立に向けて動き出しました。

研究所の幹部が集まった席で理事長とのいきさつを話し、意志統一を図ろうと試みたのです。

「ここ10数年にわたり魚価は下落するばかりで、今後好転が期待できるとは思えません。このまま座して死を待つより、この際思いきって、理事長の言う通り改革に向けて会社を設立しましょう」。

これを聞いた幹部のあいだからは、想像したとおり矢継ぎ早に反対意見があがりました。

「会社なんて作ったらたちまち赤字になってつぶれてしまう。そうなったらいったい誰が責任をとるんだ！」

私も民間企業での経営経験がなければたぶん同じ意見を言っていたことでしょう。大学という、身分を保証された大きな組織の一員として長い間働いていれば、あえてリスクを冒して会社を作る必要などないと考えるのが一般的だったのです。

「大企業特有の危機感の欠如が研究所に蔓延している」

出向により、小さな会社を任された経験を持つ私には、打ち破ることの出来ない大きな壁のように思われました。

「大学のままなら身分は保障されるのに、今あえて会社なんかつくる必要はない。理事長は研究所に対してどのように考えているんだ！」

ついには理事長を批難する声まであがり、その矛先は理事長案に賛同した私に向けられました。

「たしかにそのとおりです。だが、台所が火の車では、研究どころではなくなってしまうのも事実でしょう」と私は反論しました。

「問題を先送りしよう」というオプティミスト（楽観論者）と「今やらなければ本当につぶれてしまう」というペシミスト（悲観論者）の議論は、永遠に平行線を保つばかりでした。

私は幾度も折れそうな気持になるたびに、「いま火中の栗を拾わなければ、このままでは絶対に研究所はつぶれてしまう」と、自分を励ましていました。

その後も私は、自分が捨て駒になってでも会社設立を実現しようと、スタッフたちに対して必要性を根気よく説明して回りました。

水掛け論の話し合いが続きましたが、ある会議の席上で反対していた幹部の一人が会社設立に肯定的な意見を述べたことがきっかけとなり、徐々に賛同する者も増え始め、ようやく重かった車輪が前向きに動き出しました。

そして、ついに販売部門のみを会社化するという案で話がまとまりました。

最初の話し合いから、すでに1年近くがすぎていました。

大学発ベンチャー起業

2002（平成14）年11月。この時すでに世界初クロマグロ完全養殖を達成していたものの、研究所の収支状況は相変わらず低迷したままでした。研究所は販売を専門に行う新会社設立に向けて動き出しました。

設立の準備や手続きはすべて私が行い、会社の名称を決めるにあたっては、とりあえず仮の名称を「近大マリン」としました。

名称はいくつも思い浮かんだのですが、「近大」の文字だけは外せないと思いました。その理由は、一般消費者の間では知名度は低かったものの、稚魚の販売先である養殖業者の間では、近大のマダイを知らないものはいないくらい知名度を持っていたからです。

さらに、大阪の卸売市場でも近大産養殖魚の品質の良さはある程度知られていました。私はこの知名度を利用しない手はないと考えました。

社名に「近大」をつけることで、大学本部の理解と協力も得やすいのではないか、さらには近畿大学全体のイメージアップにも貢献できるのではないかと考えたのです。

いよいよ会社設立の最終段階をむかえたとき、私は理事長室を訪ねました。正式な社名を命名してもらうためでした。

数日後、理事長室から呼び出しがありました。名前が決まったのです。手渡された紙には、赤鉛筆で「株式会社アーマリンキンダイ」と書かれていました。理事長の直筆でした。

「アーマリン」の意味がわからず、一瞬「えッ？」と思いましたが、顔には出せませんでした。

こうして新会社の名称は「株式会社アーマリン近大」と決まりました。

2003（平成15）年2月19日。ついに「株式会社アーマリン近大」は和歌山地方法務局田辺支局に無事登記されました。

私は息をつく間もなく、大急ぎで記者発表に向けて準備をはじめました。大学の広報課にも協力してもらい、プレスリリース用に会社設立までのストーリーを用意しました。

「養殖界のパイオニアで、クロマグロの完全養殖に世界で初めて成功した近畿大学水産研究所が、販売専門の会社を起業した」

「販売品目は近畿大学水産研究所が生産するマダイ、カンパチ、ヒラメ、シマアジ、マグロなどの養殖魚」

「資本金は5万円で、田辺地方法務局内では初めての最低資本金特例制度を利用」

「従来の卸売中心から、小売り、消費者をも意識した販売戦略を進めていく」

など、メディアが興味を持つように列記して投げかけていきました。

世界で初めてマグロの完全養殖に成功した近大水産研究所が起業するというのは、ニュース性があると判断されたようです。

記者会見当日、研究所白浜実験場の来賓室に用意した小さな会見場は、大阪から2時間以上も離れているというのに、20人近い記者やカメラマンたちが集まり、すし詰め状態になりました。

ヒントは関アジ

紆余曲折を経てようやく設立された会社でしたが、研究所の内部には「いまさら会社を設立したからといって何も変わらない」というばかりか、「研究所からマージンを取っているだけじゃないか」という声すら、私のまわりで聞こえていました。

「どうすれば研究所の空気を一新し、価値をあげて収支改善に結びつけられるのだろうか」

私は、陰でささやかれている声を気にしながらも悶々とした日々を過ごしていました。

そんなある夜、夕食をとろうと、白浜町内にある小さな居酒屋にふらりと立ち寄りました。

10席ほどのカウンターの一番端に座り、壁にかかっていたお品書きをひととおり眺めていると、「関アジ入荷しました」と書かれた札が目に入ってきました。

高価でしたが、ブランド魚だということは知っていましたので、後学のために思い切って注文してみることにしました。

しばらくすると、高級そうな信楽焼きの皿に盛られた「関アジ」が刺身になって出てきました。

それは新鮮な虹色の光沢を放っていて、見るからに美味しそうでした。

その刺身を、一切れ口にはこんで味わいます。

適度に脂がのっていて、それでいて臭みやしつこさが全然ない。

さすが、ブランド展開するだけのことはあると感心しながら、ぐい飲みに注いだ酒を呑みほしました。その瞬間、ブランド化がひらめいたのです。

「そうや！　近大の魚もブランド化しよう。そして、養殖魚のトップブランドとして戦略をたて、これまでと違う売り方をしていこう」

『『近大』を冠にした商品名にしたら、消費者には近畿大学が生産した魚だとひと目で理解されるだろう。近大がつくったマグロなら『近大マグロ』。マダイなら『近大マダイ』や」

「いずれも親しみ深くて語呂もよい！　関アジのようにブランド化がうまくいけば研究所だけでなく近畿大学全体の評判も上がる。一石二鳥や！」

私は、ひとりで前祝いの祝杯をあげました。

ヒットした「クエ鍋セット」

早速私は研究所内でブランド化の提案をしました。

するといつものように、反対意見というより評論家のような意見が噴出しました。

「ブランド化なんてそんなに簡単に出来るもんじゃないよ」

「よその養殖場でもやろうとして、みんな失敗してるんだよ」

またもやダメな理由ばかり。

「こうすればブランド化できるのでは」といった前向きな提案は、悲しくも一切出てきませんでした。

しかし、ブランディングではなく、商品企画では前向きな意見もありました。

「マダイやブリはありきたりやけど、クエはどうやろ。今生産してるクエは結構自信があるよ」

「そや、クエは面白いで。アーマリン近大の設立記念として鍋のセットとして売り出そう！」

話は盛り上がり、最初の商品が決まりました。

これまでのように卸売業者に販売するのではなく、加工・流通販売までをすべてやろうという事になりました。

現在の農林水産業でも6次産業化が話題となっていますが、水産研究所とアーマリン近大が連携して取り組んだこの試みは、生産から流通加工、販売までを一体化した6次産業化を示すひとつの顕著な事例と言ってもいいのではないでしょうか。

この養殖クエも、世界初の人工種苗生産技術により生産されてきたものでした。クエならインパクトもあり、ベンチャー会社設立記念商品として知名度を上げるためにも、もってこいの商品になると期待できました。

ただ、これまでのように業者に任せっぱなしで販売するのでは、新しいことに取り組もうとするベンチャー会社を起業した意味がありません。

そこで「アーマリン近大の本クエ鍋セット」と名づけた商品を企画したのです。

これは水産研究所にとって、仲介業者を通さずに直接消費者のもとに届ける加工食品として初めての試みでした。

クエは美しい流線型のマグロとは異なり、下あごがしゃくれ、全体にごつい感じの魚です。成長すると体長が1メートルをこすほどの巨体で、養殖した販売用のものでも体長が50センチもあるのです。

体重は3〜6キロ。けっこう重たく、うろこも細かく硬いので、包丁でうまく薄皮をすくように取り、身を三枚におろさなくてはなりませんでした。この作業がかなり難しく、魚屋さんですら馴れていないとうまくおろせないのです。

そこで商品開発にあたっては、古くから協力いただいていた地元の鮮魚店に頼んで魚の加工をお願いすることにしました。

鍋につきもののポン酢にもこだわりました。しょうゆ発祥の地として有名な和歌山県湯浅地方にあるしょうゆ造りの老舗を訪ねて交渉し、和歌山県産のゆずを使った独自の「アーマリン近大のこだわりポン酢」を開発してもらったのです。

販売に先立ち、水産研究所内で試食会を行ったところ、

「くせのない味で、脂のノリもほどよい」

「身崩れを起こさず、弾力のある食感が味わい深くていいね」

「ポン酢もクエ鍋によく合っているよ」と上々の評判。

「よし、これならいける！」と、スタッフは一様に目を輝かせました。

家庭にまで直接送り届けられたクエは、「フグにも勝る美味しさだ」と順調な滑り出しで、たちまち評判となりました。

この後、販路を広げ、２００５（平成17）年から冬季限定の定番商品として展開されるようになっていきました。

ウィルスに弱く成長も遅いので、なかなか安定生産というわけにはいきませんでしたが、いまでは「クエで町おこし」をキャッチフレーズに、和歌山県白浜町の観光グルメの目玉のひとつとして貢献できるまでになりました。

こうして新会社では、大学名を冠したブランド化を意識した戦略が着々と進められていきました。

ブランディングに挑戦

クエ鍋セットの販売が順調な滑り出しを見せたことに気をよくした私は、本題である、次の戦略に取りかかりました。

居酒屋で味わった関アジにヒントを得て思いついた、成魚のブランド化です。

魚の販売経験など全くない私が販売担当者として手をあげてから、冠に近大と付けたブランドの商品名も決定し、いよいよ大口の販路を確保するために取引先である大阪の卸売業者の担当者を紹介してもらうことになりました。

しかしこの時、鮮魚の販売価格はバブル経済崩壊の影響により下落する一方で、灯りの見えないトンネルの中に手探りで歩き出していくようなものでした。

さっそく紹介してもらった卸売会社の担当者に、ブランド化について私の構想を打ち明けたところ、「うーん、事務長はブランド化と簡単に言うけど、それは無理ですよ」と、突き放すような返事が返ってきたのです。

彼らは魚の取り扱いや見識についてはプロです。ブランド化の難しさも人一倍わかっていたのでしょう。

しかし、ここで「ハイそうですか」と納得してしまっては一歩も先に進めません。プロが断言する言葉と、どうしてもブランド化を成し遂げようとする強い信念の間で、私の気持ちは空転するばかりでした。

「今の自分ではわからないことだらけだ。いったい誰に訊けばよいのだろうか」

この時、故原田教授の教えであった、「わからないことは魚に訊け」の言葉がふと心の中に聞こえてきました。

「わからないことはお客に訊け！」

今の自分にとってお客とは、直接に取引をしている目の前にある卸売業者ばかりでなく、その先の仲卸業者や、スーパー、飲食店などの小売業者、それに最終的にそれを購入してくれる消費者もすべてお客だという事が十分にわかっていなかったのです。

「卸売業者の意見だけでなく、様々な立場のお客の意見を訊かなくてはいけない」

この思いをもとに、私はもう一度振り出しからやり直そうと、あらためて卸売業者を訪ね、執拗に小売業者や消費者までを意識したブランド展開を頼みました。

その結果、私の執念深さに辟易としたのか、とうとう「それではマダイを『近大マダイ』として販売してみましょう」というところまでこぎつけることができました。

取引先の仲卸業者が「近大マダイ」の商品名を付けて、和歌山にある小売業者の大手スーパーで販売してくれる事になったのです。

出荷が始まって数日後、消費者の評判はどうだろうと、こっそりスーパーの店頭を訪れてみました。すると、売られているはずの「近大マダイ」の商品が見当たりません。

事前の情報では、当日この売り場で売られることになっていたのです。

私は早速担当の卸売業者に連絡を取り、いきさつを問い詰めましたが、業者も不思議がるばかりで、すぐに取引先である仲卸業者に問い合わせてくれました。

すると、その担当者も販売しているはずだと言うだけで、なかなか本当のところがつかめません。

私はその仲卸業者のところに行き、マダイがストックされている水槽の中を確認して、ようやく事の真相がわかりました。

近大が出荷したマダイは、スーパーの店頭に並ぶ前に刺身として処理されていました。この処理の際に、近大の魚だけ特別に処理するという工程は設けられておらず、同じ和歌山県産の他の養殖マダイと同じように処理され、販売されていたからでした。

ブランド化ができていない状況の中で、わざわざ近大の魚だけ別工程にすると多大なコストがかかり、その割には価格に反映することが出来ないという、流通上の問題がネックになっていたのです。

近大から出荷する少量の魚のために加工工程を変更してもらうこともできず、近大マダイのブランディングは後回しにせざるを得ませんでした。

つまり、この時点ではわざわざ近大のマダイを差別化してまで販売するという、仲卸業者や小売業者のニーズがなかったのです。

研究所にはマダイの他にも、シマアジ、カンパチ、ヒラメ、トラフグなど数多くの魚を養殖しています。

現場スタッフからは、マダイに次いで生産量が多かったシマアジやカンパチの販売に力を注ぐようにとプッシュされましたが、私はその前に、販売方法や業界についての知識と経験を身に付ける必要を強く感じていました。

きっかけは寿司屋の大将

私は、消費者との距離を短くするためのプロモーショングッズにもこだわりました。できるだけお金をかけず、それでいて消費者の印象に残り、近大の魚をアピールできるものは何だろう。

もちろんポスターや、幟（のぼり）など、ひととおりのものは作ってみました。しかしどれも他の業者がやっているようなことばかりで、消費者に強く差別化してアピールするには、いまいち物足りないものばかりでした。

そんなある日、プロモーショングッズづくりに頭を悩ませていた私は、知人の世間話に思わず大きく反応したのでした。

その話とは、知人が某寿司屋に行った時のことです。

寿司屋の大将が寿司を握りながらこう言ったそうです。

「お客さん、わしは中学しか出てないけど、このマグロは大学を出てるんでっせ」

このマグロとは、近大の水産研究所から大阪の卸売市場に出荷されたものだとすぐにわかりました。

大学から出荷されているマグロなんて、近大以外では絶対になかったからです。

私は一瞬でひらめきました。

「これや！　大卒マグロでいこう！」

こう思った瞬間、持ち前の遊び心が私を誘惑し、

「それなら大学卒を証明するものとして卒業証書を発行しよう」と思いつきました。ただ発行するだけなら「受けねらい」に終わってしまいそうだったので、それにQRコードを付けて生産履歴が閲覧できるようにしました。

このQRコードからアーマリン近大のホームページにアクセスし「商品履歴書」を開くと、購入した魚がどのように育てられたかが一目でわかるというしくみです。

これがあれば、抗生物質や栄養剤などに頼らない、安全で安心できる食品だということがアピールできるし、ほかの養殖場には一切マネの出来ない、ユニークな取り組みになると思ったのです。

大きさは鮮魚売り場に置いて邪魔にならないようにハガキ大にしました。

肝心の証書の文言は、若干のユーモアを込めて、思いつくまま瞬時に書き上げました。

卒業証書

あなたは近畿大学の水産養殖課程を優秀な成績で卒業され

お客様にご満足いただけるよう立派に成長したことをここに証します。

株式会社アーマリン近大

図案は和歌山県那智勝浦町在住の坂倉里華先生に厚かましくもお願いしたところ、すぐに快諾していただくことが出来ました。

後になって知ったのですが、先生は日本書道美術館も推薦する優秀な芸術家で、検定委員や審査員を歴任するとともに、WCA世界芸術協議会評議員を務め、東京、名古屋、ニューヨークをはじめ数々の美術展で、招待による出品を依頼されるなど、海外でも知られた著名な書家でした。

その後、この「卒業証書」は大き

卒業証書

あなたは
近畿大学水産研究所の
養殖課程を
優秀な成績で卒業され
お客様にご満足
いただけるよう
立派に成長したことを
ここに証します。

株式会社アーマリン近大

出典：株式会社アーマリン近大
(現在は年月日が付与されています)

な反響を呼び、「近大の魚」と「近畿大学」をアピールするためのプロモーショングッズとして、また「安心」と「安全」を示す証明書として重要な役割を果たすことになりました。

一般に生産履歴書は消費者にはわかりづらいものが多いのですが、この卒業証書はさまざまな立場の消費者に役立ちました。

養殖に興味のある人や生産過程を詳細に知りたい人には、QRコードを読み取ってホームページに掲載されている詳しい履歴を見ていただくことが出来ますし、そうでない人には卒業証書があるというだけで、「これは近大だから安心できる」と、安心のブランドとして展開することが出来たのです。

プロモーショングッズというと、メモ用紙やボールペンなど、ありきたりなものがすぐに思い浮かびますが、ちょっと発想を変えれば、ユニークで自社の姿をより具体的にアピールできるものが作れるという良い例になりました。

卒業証書以外のプロモーショングッズでは、「近大の魚取扱店登録の証」、「近大の魚は肴になる」、「近大マグロ本日入荷」、「アーマリン近大シール」など、どれもしつこいくらいに「近大」を前面に打ち出しました。

デパ地下、スーパー、市場など、どんな状況下で販売されていても、消費者に「近畿大学が生産した魚」だとわかってもらえるようにしよう。

「また近大の魚を買おう」と言ってくれるリピーター客も増やしたい。

こうして距離が短くなっていけば、消費者からの声がこちらにも届きやすくなり、ニーズの把握にも役立つと考えたのです。

ただ、こうしたグッズを駆使してアピールしても、大きな広がりには時間がかかります。大学名がついているからブランドだと勘違いしてあぐらをかいてしまうと、いかに優れた商品であってもなかなかメジャーブランドには成長しません。

では、自分たちの自信作を広く買ってもらえるようにするにはどうすればいいのでしょうか。

その方法のひとつにプレスリリースがありました。

メディアが喜びそうなネタを用意してテレビや新聞、雑誌などにプレスリリースという形で投げかけ、取材してもらうのです。これなら一度に不特定多数の人たちに瞬時に情報が届けられます。

ここでCMとPRの違いについて簡単に説明しておきます。

CM（コマーシャルメッセージ）は一言でいいますと、広告主が新聞やテレビ、雑誌などのメディアに料金を支払って消費者にアピールし、商品やサービスの周知を図ろうとするものです。一方、PR（パブリックリレーションズ）はメディアが興味を示してくれさえすれば、商品やサービスの露出により無料でアピールできるという特色があります。しかも消費者側から見ても信頼性が高いという利点があり、CMを広告と呼ぶのに対して広報と言われています。

したがって、ベンチャー企業のような資金力のない組織では積極的に広報効果を活用すべきなのです。

ただ、メディアを活用するには、テレビや新聞、雑誌も「ユニークで社会が関心を示す具体的な話」が必要になってきます。とくにテレビは「取りあげる素材のユニーク性と視聴者の興味を引く話題や映像」が求められます。

近大マグロは、この時点ではまだ完全養殖で育ったものは出荷されておらず、世界初の研究成果を生み出した研究所が育てた養殖マグロとしてのユニーク性と、それを実現した生産現場の映像、それに店舗で消費者が近大マグロを買い求める姿などが、メディアに取り上げてもらえるためのポイントだと考えていました。

しかし、これまでのように、荷受業者に魚を預けて、あとはよろしくというやり方ではブランド展開は望めません。

その理由は、荷受業者は大量に魚を取り扱うことで利益を得るという構造的な宿命を背負っており、取扱量を増やすのではなく、商品に付加価値を付けるブランディングというサービスは、彼らには必要とされにくいという特長があったのです。

したがって近大マグロの場合、ブランディング戦略は生産から流通、販売までを荷受などの流通業者とともに一体となって展開し、ユニークな卒業証書や開発ストーリー、商品の特長を示す情報などを消費者向けに提供していくサービスが重要だったのです。

しかし、こうした実情を私が知ったのは、実際に自分で近大マグロの販売先ルートの確保や、店頭で直接消費者に近大マグロの販促活動をするようになってからの事でした。

試食会は盛大に

研究所が蓄養で育てたマグロを「近大マグロ」として販売し、荷受、仲卸、小売業者および消費者とのコミュニケーションを重要視していくなかで、徐々にその評価が高まってくると、皮肉にも販売できるマグロがあと数カ月で底をついてしまうという事態になってしまいました。

せっかくデパートやスーパーで販売の道筋をつけたものが、販売が途切れてしまうとそのルートも途絶えてしまうという危機が迫ってきたのです。

完全養殖達成から2年3か月が経った2004（平成16）年の9月。

私は、時期尚早だと出荷を渋る所長をはじめ、研究関係者たちに頼み込み、ようやく20kg〜25kgの大きさに育った世界初の完全養殖「近大マグロ」初出荷にこぎつけることが出来ました。

研究所の事務長として収支改革を迫られるなか、目玉商品として大役を担ってくれるだろうと期待を寄せていた、完全養殖の「近大マグロ」ブランド化と、ノウハウ販売による「世界の近畿大学」への夢が動き出した瞬間でもありました。

その日は朝から今にも雨が降ってきそうなどんよりとした曇り空の下で、私は不安と期待の入り混じった気持ちで初出荷のトラックを待っていました。

出荷先は、百貨店業界では西の横綱と称される大阪阪急百貨店梅田本店、それに近鉄百貨店奈良店、そして百貨店のようなブランド力はないが、南大阪地域で近大マダイや近大シマアジの販売を率先して展開いただいていたスーパーサンエー山直店の3か所でした。

事前に「世界初！　完全養殖クロマグロ初出荷」とインパクトのある文言でプレスリリースをメディアに向けて発信していたせいか、当日は10社を軽く超えるテレビ、新聞、雑誌などの記者たちが集まり、和歌山県の片田舎にある本州最南端に位置する潮岬の近くにある近大水産研究所大島実験場は異様なほどのにぎわいを見せていました。

ＴＶ関係者や新聞記者たちが研究所長に初出荷の感想についてあわただしく次々とインタビューした後、「完全養殖クロマグロ初出荷！」と太文字で書かれた垂れ幕を荷台に貼ったチャーター便が到着し手際よく荷物を積み込むと、大阪と奈良の出荷先に向けて力強く颯爽とスタートしていきました。

私は感慨にふける間もなく、引き続き午前10時から予定されていたクロマグロ養殖いけすの見学会や、続いて開催される試食披露会のパーティ会場である串本ロイヤルホテルでの準備に奔走しました。

プレスリリースを配信する際は、文書だけでなく、このような試食会や見学会が加わればさらに効果が高まることを頭に入れておかなければなりません。

見学会では、心配した雨がポツリポツリと降り出したものの本降りとはならず、予定を大幅に超える100人近い希望者が乗船場に集まり、あわただしく救命胴衣や見学船を増やすなどの対応に追われました。

養殖いけすでのマグロの餌やり体験や見学会も順調に進み、次の予定である試食会場には地元の漁協関係者をはじめ、町長、議員、流通関係者や大学の教職員、それにメディア関係者など、多くの招待者たちが集い、用意された会場はあふれんばかりの満員状態となりました。

来賓や主催者側の挨拶がひととおり終わると、本日の主役である「近大マグロ」の刺身がメインテーブルに運び込まれました。出席者たちはいっせいに列をつくり、世界中でここにしかない完全養殖のクロマグロに興味津々で箸を伸ばしていきました。

招待客の反応は上々で、あちらこちらでテレビクルーが試食中の来場者たちをつかまえてはインタビューをしていました。

魚体が小さかったせいでマグロ本来の味が出ているだろうかと、その品質に不安を抱えていた私は、インタビューに応える人たちの輝くような表情やそぶりを見て「よし！」と、ほっと胸をなでおろしたのでした。

その日の夕方のテレビニュースでは各社が一斉にこの「世界初完全養殖クロマグロ初出荷」のニュースを取り上げ、試食会での風景や世界初の味に興味津々のデパート客などのコメントが放映されました。

こうして研究所が挑戦してきたクロマグロの完全養殖事業は34年の歳月を経て「近大マグロ」の商品名でブランド構築に向けての大きな第一歩を踏み出したのでした。

ブランドアップは一流デパートで

完全養殖の近大マグロを関西でデビューさせたことにより、地域でのブランド評価は徐々に高まっていきましたが、私が願っていた全国区から世界へというロマンにはまだまだほど遠い状態でした。

マグロの食文化の中心地はなんといっても関東です。

私は東京の大舞台で、しかも一流と呼ばれる場所で、近大マグロをデビューさせられないか虎視眈々とチャンスを狙っていました。

東京での販売を考えるにあたり一流を意識したのは、完全養殖の近大マグロ誕生には、32年もの歳月がかかっていたからでした。

この間に注がれた知力・労力・研究経費は莫大なもので、販売という新たなステージをむかえて中途半端な売り方をしてしまうと、32年の努力も、世界初という付加価値も色あせてしまう。エルメスやティファニーなど欧米の有名ブランドが、出店の際には慎重に場所を選んで力をつけてきたように、「近大マグロ」も東京デビューのときには「格式」「一流」「高級」にこだわり、大事に育てていこうと考えていたのです。

1年ほどが過ぎ、関西地区での話題も徐々に収まりかけていたころ、思いもかけないところで高級化路線の糸口が見つかりました。

まさに「灯台下暗し」でした。

所長の熊井が当時の三越百貨店の中村胤夫会長と懇意な仲だと言っていたのを思い出したのです。

これは千載一遇のチャンス！　私は早速こう持ちかけました。

「所長、阪急や近鉄での販売が順調でブランド力も上がってきたので、次は東京の三越で販売できれば弾みがつくと思うのですが、いかがでしょう」

「ほぉ～、三越ねぇ。なんなら僕から頼んでみようか」

こういって仲介役を快く引き受けてくれました。

ちょうど三越側も近大マグロについてはテレビや週刊誌などで興味を持っていたこともあり、商談は一気に前に進んでいきました。

三越百貨店での販売開始の2か月前、熊井所長と私は、東京で中村会長に面会することになりました。

上司の人脈の広さに感謝すると同時に、ネットワークの重要性を今さらながら痛感させられた瞬間でした。

私たちは、ひときわ重厚な商談室に通され、その日のうちに商品本部のゼネラルマネージャーを紹介されて、すぐに商談に入りました。

商談は進み、数十分後には流通業者まで紹介されて、実際に店頭販売するところまで簡単に決定していきました。

日本の超一流デパートの本店で販売しようという商談にいささか緊張していた私は、あまりにもあっけなく、願いどおりの結果になったことで一気に緊張の糸は解き放たれました。


近大マグロの特色は「全身トロ」といわれるほどの脂質の多さにあるといわれていますが、実は脂のノリ具合は他の養殖マグロとあまり変わりません。

しかし、食べすぎたときに感じる養殖魚独特の臭いはほとんどなく、嫌味のないあっさりとした味が特長です。

しかし私がアピールしたかったのは、養殖ウナギが天然ウナギを席巻し、人々の味覚が養殖ウナギに慣れ親しみ、天然ウナギとはまったく別の市場を形成していったように、養殖マグロもそれぞれの特色を活かせる市場を形成すべきであるということでした。天然マグロの味を絶対視するのではなく、天然には天然のよさが、養殖には養殖のよさが認められるように普及していくことを願っていたのです。

販売に先立ち、近大マグロを試食したマネージャーは、「美味いと評判のスペイン産の200キロ級の蓄養マグロにも勝る味ですね。きっとお客さんにも人気が出るでしょう」と高く評価してくれました。販売のプロの言葉です。多少のお世辞があったとしても、これなら東京でも成功できるかもしれない。幸先がよさそうでした。

マグロ消費の本場である東京の、三越百貨店（現三越伊勢丹百貨店）日本橋本店で販売する話がトントン拍子に進み、「近大マグロ」が初めて地下1階の鮮魚売り場で販売される様子がテレビで中継されました。

売り場のバックヤードでは70キロを超える立派な近大マグロの頭が切り落とされ、卒業証書と共に店頭に展示されました。

売り場の人だかりはみるみる膨れ上がり、関東初の近大マグロは柵切りの刺身として次々と販売されていきました。

これにより「近大マグロ」の知名度は全国区へと広がり、これに呼応するように近大マグロの注文は一気に増え、6か月後には供給が全く追いつかない状態となってしまいました。

せっかく価格の心配もなく安定して販売できるチャンスなのに商品が足りずに指をくわえるだけなのかと悔しい思いが込み上げてきましたが、いくら悔しがっても急に品薄状態が解決できるわけもありません。

ここでピンチをチャンスと居直り、収益は伸びなくてもブランド戦略は進めていけると、関西をはじめ、中部、東海、関東にあった得意先を一軒一軒回り、このうち関東地区のひいきにしていただいていた得意先では、「申し訳ありませんが、毎月第一金曜日のみの出荷となりますが、何とかご了承いただけないでしょうか」とお願いして回りました。

この時点で、ある程度の知名度は浸透しており、また研究所の生産事情も理解してもらっていましたので､多くの得意先は取引を止めるとは言わず､「仕方がないなぁ」と渋々承諾していただきました。

ブランディングの戦略は見事に当たり、手に入らなければ余計に手に入れたくなるという「ないものねだり」の心理もうまくフォローの風となり、ブランドが高まっていくほど「近大マグロを食べてみたい」「これほど皆が求めるのだからきっと素晴らしく美味しいに違いない」と期待するイメージも共に広がっていったのでした。

しかし、私はこの時には知らなかったのですが、売切れや品切れによって意図的に消費者の購買意欲をあおるやり方は、マーケティングの世界では「飢餓商法」や「あおり商法」あるいは「品薄商法」と呼ばれ、すでに戦略として存在していたようで、結果的に得意先や消費者の方に強く興味を抱かせるだけとなってしまい、ブランディングとしては効を奏したものの、商道徳上の問題を残してしまうことになりました。

これに対し研究所では必死になって増産に取り組みましたが、漁場の問題や台風などの自然災害で思うように生産量は伸びず、品薄状態はその後、長期にわたり続いてしまうことになったのです。

新たな戦略はノウハウ販売

研究所のクロマグロ完全養殖成功のニュースは世界にも広がっていきました。

私は、このノウハウを海外に売れば、海洋資源の枯渇問題や食料不足問題に貢献できるとともに「世界の近大」が現実のものとなるのではないか。それにロイヤリティ収入が入れば台風などの被害に悩まされずに済むようになると思っていました。

長く温めてきたその考えがようやく目の前に大きく膨らんだのです。

ちょうど、欧米や東南アジア諸国では狂牛病や鳥インフルエンザの感染拡大などで魚を食べる人が増えはじめており、また中国、インドなどの経済新興国では、富裕層の間で飽食が広まり、急速に魚に対する需要が高まっていたのです。

また、アフリカなど世界の各地では、人口の急激な増加で食料不足が社会問題化してクローズアップされるようになっていました。

石油にかわる代替事業を模索している中東の産油国は、魚類養殖も事業の一つに取りいれるでしょう。

環境保護問題も今後はますます大きくなるはずです。

天然の稚魚を採ることなく養殖事業が継続できる完全養殖技術には大きな期待が寄せられることでしょう。

近大が持つ技術は、このような背景を考えると、将来大変有望な成長産業につながると、その時私は信じていました。

「近大式養殖プロジェクト」

ブランド戦略もようやく軌道に乗り、研究所での限られた生産量の関係から、これ以上の大きな売り上げが期待できなくなってきた頃、私は温めてきた構想の実現に向けて動き出しました。

２００６（平成18）年２月。私は完全養殖技術を販売する企画書を作成し、大学本部の理事長室に持ちこみました。

理事長の承諾は取り付けたものの、相変わらず研究所内では教員を中心に反対するものが多くいました。

論文発表など、研究成果の公表は研究業績として蓄積され、教員にとっては最重要実績の一つです。

それが特定の業者との契約によって制限されてしまうのではないかと危惧する理由もわからない訳ではありませんでした。

また、ノウハウの販売事業そのものが初めてで、リスクを冒してまで展開する意味がないとも主張されました。

しかし、水産研究所はブランディングによる効果がある程度進んでいたものの、販売できる量も限られており、相変わらず赤字が続き、存続さえ危ぶまれる状況は大きく変わってはいなかったのです。

だからこそ新しい販売会社を創ってまでも改革に取り組もうとしてきたのです。新しいことに取り組むにはリスクを避けては通れません。むしろベンチャー企業とはリスクに立ち向かうからこそ、そう呼べるものだと私は心の中で叫んでいました。

話は平行線のまま数ヶ月が過ぎました。

幸いなことにスタッフの中には、上司から命令が出れば積極的に参加したいという者も少なくありませんでした。

しかし、あからさまに私を避ける人たちもみられるようになりました。

私が組織の和を乱すだけの、単なる夢想家と思われたのかもしれません。

本来なら、そうした人たちからもきちんと意見を聞くべきでしたが、かけあおうとしても、いつも無視され、避けられるような状況でした。

決して気分のよいものではありませんでしたが、こちらも水産研究所とアーマリン近大の行く末を真剣に考えていたから必死でした。

「捨て駒になってでも今、実行しなくてはいけない」

私は研究所内での立場の変化を感じながらも強くそう思っていました。しこりを残したまま、それでもプロジェクトは設立に向けてゆっくりと動き出しました。

プロジェクトは、まず水産研究所の精鋭陣でチームを編成。これまでのように魚を売る事業とは根本的に異なります。

異国の地にチームで出向き、そこでマダイやマグロなどの完全養殖技術と一連の陸上施設をユニットとして販売しようというものです。

価格は、生産規模によって異なりますが、1ユニットあたり5億～10億円とはじき出しました。

ソフト面での事業内容は、1ユニット当たり2～3名の技術員と私が、半年から一年程度指導者として現地に滞在して技術移転を図る計画となっていました。

販売先は、養殖経験がある中国、インドネシア、マレーシア、オーストラリア、メキシコ、地中海沿岸地域、それに資金的に余裕のあるアラブ諸国などを想定していました。これからが本当の意味でのベンチャービジネス、そう考えると胸が高鳴りました。

波乱の養殖プロジェクト

プロジェクトはついに動き始めました。

研究所の教職員のなかから総勢14名のスタッフが選抜され、プロジェクトリーダーには大学の理事でアーマリン近大の社長でもある大原司が任命されました。

「大学も少子化時代をむかえ非常に厳しい状況だ。水産研究所も今後独立して未来を切り拓いていけるような改革が必要だ。ここに集まった精鋭諸君たちの力を結集してこのプロジェクトを実りあるものにしていただきたい」

大原社長から檄が飛び、成功を祈念して祝杯があげられました。

ブランディングに取りかかった当初からの夢だった、ノウハウを販売するというこのプロジェクトがいよいよ本格的に始動できると思うと、身の引きしまる思いがしました。

プロジェクト開始にあたり、アメリカ在住の日本人で、マグロの販売を手広くやっているニック坂上氏とエージェント契約を結びました。

彼は研究所のクロマグロ完全養殖成功のニュースを知り、和歌山県白浜町の近大水産研究所を訪ね、ノウハウ販売のエージェントをしたいと自ら申し出てくれたのでした。

彼はさっそく、事業規模や資金状況、将来性などを調査したうえで、該当しそうな世界各国のマグロ養殖業者にメールで完全養殖技術販売の話を次々と持ちかけていきました。

この後も、いくつかの企業との交渉を経て、最終的に地中海にある大手マグロ養殖業者にプロジェクトの相手は絞り込まれました。

マグロの完全養殖に成功したといっても、それはあくまでも和歌山県串本町の近大水産研究所でのことです。環境の違う他国で養殖を行うには、技術の移転先がマグロの完全養殖を実現できる環境かどうかを事前に調査しなければなりませんでした。

商談相手が決まると、私たちは渡航の準備を急ぎました。

「迅速果断」

このプロジェクトを後押ししてくれた理事長の好きな言葉でした。

相手企業との守秘義務に関する契約上、国籍も名称も公表できませんが、現地でマグロの完全養殖が可能かどうかを調査するために、アーマリン近大社長、水産研究所技術者4名、アメリカのエージェント・ニック坂上氏、それに私の計7名が現地に向かいました。

関空を出発してから途中で何度か飛行機を乗り換え、ようやく目的の地にたどり着き昼食をとるとすぐに、これから一週間滞在するペンションに案内されました。

全部で8室ほどの小さなペンションでしたが、食堂の外に広々としたベランダがあり、眼下に美しい地中海が広がっていました。

ついにここまで来た……。しかし、感慨にふけっている余裕はありませんでした。荷をほどき、さっそくチーム内での打ち合わせを行いました。

調査項目は、養殖場の表層および中層の水温、水深、水流、年間の気温推移、地形、溶存酸素量、塩分濃度、降雨量、餌となる魚の種類や漁獲量、地震など自然災害の発生頻度、養殖いけすの大きさ、それに現地の技術員たちの知識レベルなど多岐にわたりました。

翌日から調査ははじまりました。

空はカラリと晴れ、静穏で限りなく透き通って見える海底や、白い壁と赤い屋根の家々が並ぶ異国情緒あふれる景色を眺めていると、まるで別天地に来たような気分でした。日本の透明度の低い養殖いけすで泳ぐマグロと比べると、ここではみな自由で颯爽と泳いでいるように見えました。

数日間に及ぶ調査を終え、最終日にペンションの一室にみんなで集まり、結果についての話し合いが始まりました。

調査の結果をふまえ、早急に相手企業に報告しなくてはなりません。

技術者たちの顔を見まわすと、いずれも重苦しく自信のない顔に変っていました。

翌日、簡単な報告書を手渡した後、「詳細な結果は日本に戻ってから正式に文書として報告いたします」と言い残し、相手の心配そうな顔を背中に感じながら、暗く重い気持ちのまま帰国の途につきました。

帰国後、完全養殖にはいくつかの大きな問題点があるとの調査報告書を先方に送り、数日が過ぎたある日、アメリカのニック氏からこのプロジェクト継続が難しいとの知らせを受け取りました。

これを受けて、もともと否定的な意見を持っていた研究所内メンバーからプロジェクト中止の声が堰を切ったように次々と噴出してきました。

四面楚歌の状況のなかで、私はなんとかプロジェクト続行を主張しました。

この後、幾度かの交渉の末に、先方は継続に向けての大幅な譲歩案を出してくれ、これを研究所のメンバーに提示しましたが、結局、条件面ではなく、プロジェクトそのものへの中止の声に押しつぶされ、一度つまずいたプロジェクトはもとに戻すことはできませんでした。

突然の人事異動

大学理事長の命を受け、会社設立に奔走し、近大マグロのブランディングにも成功しました。

長らく続いていた赤字は一気に黒字化というわけにはいきませんでしたが、近畿大学全体のイメージアップ効果には少なからず貢献できるようになってきていました。

そして近畿大学が世界で初めて成功したクロマグロの完全養殖技術を、世界に広げていくことにより、「世界の近大」が手に届きそうなところまで来ていたにもかかわらず、あきらめざるを得ない結果となってしまいました。

「捨て駒」となった私は、ねぎらいの言葉を受けることもなく、責任を取る形で他部署への異動の辞令を受け取りました。

いきなり冷水を浴びせかけられたような気持でした。

さらに大きくブランディング戦略で近大に貢献できるはずでした。

私が異動した後、戦略を引き継ごうとするスタッフは研究所内にはいませんでした。

ノウハウ販売のプロジェクトが失敗に終わり、水産研究所は嵐が去った後のように、事業ではなく、元の研究中心の平穏な日々へと方向転換していきました。

やがて、近大マグロブランドは平穏な日々と引き換えに、まるでイソップ物語の「酸っぱいブドウ」の話のように、世間の注目からしばらくの間、置き去られるようになっていきました。

ちなみに「酸っぱいブドウ」の話とは、キツネが、たわわに実ったおいしそうなブドウを見つけ、食べようとして跳び上がるのですが、ブドウはみな高い所にあり、届きません。何度跳んでも届かず、キツネは怒りと悔しさで、「どうせあのブドウは、まずくてすっぱいのさ」と捨て台詞を残して去ってしまう、という内容です。

消費者が近大マグロをそう思った時期があったかどうかは別として、その後数年間、私の異動を機に、近大マグロブランドは後退期に入っていきました。

私は、このブランド戦略を何とか続けてほしいと、他部署に移動になってから、本を書きました。

「卒業証書をもらったマグロ」にブランド再興の気持ちを託したのです。

３００冊を私費で出版し、水産研究所をはじめ大学の関係者に配りました。現在は電子書籍版としてのみ市販されています。

最も読んでほしいと思っていた世耕弘昭理事長には直接手渡すことはできませんでした。

そして、その感想を聞くこともないままに、２０１１（平成23）年9月、理事長は他界されてしまいました。

復活する近大マグロブランド

しかし、理事長は亡くなる前に、更なる次の展開を考えていたのです。

それは、スーパーやデパートにおける食材としての販売から、料理として提供される近大マグロのレストラン展開でした。まさに生産、加工、流通、販売にいたる6次産業化を実現させる構想だったのです。

この構想は、後継の理事長や職員たちに受け継がれました。

2013（平成25）年4月26日。大阪駅北ヤードに新しく開発されたグランフロント北館ナレッジキャピタルに養殖魚専門の和食レストラン「近畿大学水産研究所」がオープンしました。

これにより「近大マグロ」ブランドは強力にパワーアップして再デビューを成し遂げ、近畿大学全体の経営戦略に結び付けるとともに、予約さえ取れれば確実に食べることができるようになりました。

計画段階から盛んにプレスリリースなどで注目を集め、オープンすると同時に連日長蛇の列ができ、日本一予約が取れないレストランとしてメディアも殺到する話題の大繁盛店となったのです。

同年12月には東京銀座にも第2号店を開店させ、1号店同様に大きな話題となりました。

このほかにも豊田通商や双日、エースコックなど、一流大企業とのコラボレーションにより、産学連携という、社会が興味を示すキーワードも加えて、ブランドの様々な相乗効果を生み出すモデルを新たに創造していきました。

その後も「近大マグロ」人気は衰えることなく、そのブランド展開は、ハロー効果もあって大学受験者数日本一を2年連続で達成するなど、近畿大学そのもののブランドアップに大きく貢献するようになっていきました。

私が夢に描いた「ノウハウ販売による近畿大学水産研究所の繁栄と大学全体のブラン

ドアップ」とは異なる戦略ではありますが、近畿大学は更なるステータス向上に向けて進んでいます。

◆ショートコラム

マグロ養殖について考える

完全養殖は完全か

近畿大学水産研究所が世界で初めてクロマグロの完全養殖に成功したのは2002（平成14）年のことでした。

それから10数年が経った今、ようやくマルハニチロホールディングスの子会社が完全養殖に成功し、販売に乗り出したというニュースはあったものの、マダイ種苗生産業者が完全養殖から選択育種法による品種改良を重ねて市場に多く参入したときのように、他のマグロ養殖業者がこぞって完全養殖の研究に躍起になっているという情報は伝わってきません。

これはなぜでしょうか。これほどまでにクロマグロの完全養殖技術は難しいという事なのでしょうか。それとも完全養殖そのものにあまり社会的ニーズがないのでしょうか。

一般的に、養殖の意義には大きく次の3点が挙げられます。

（1）安定品質……天然産のように産卵後に脂が落ちて痩せてしまうという事などもあまりなく、年中安定した品質で供給できるという事

（2）安定価格……出荷量を顧客の要望に合わせて調整することが出来るので、天然産のように多く獲れた時には暴落し、逆に漁獲量が少ないときには高騰するといったことがない事

（3）安定供給……言うまでもなく、養殖いけすの中から顧客ニーズに合わせて収獲で

きるので一定の量を安定して供給できる事

この3点が大きな特色なのですが、実は完全養殖にはもう一つ注目すべき目的があります。

それは天然産と比較してコストパフォーマンスを上げる事です。

単に、「天然資源に頼らずすべて人工管理のもとで生産できる」といきれいごとだけでは、利益追求を至上命令とする民間企業はなかなか腰を上げようとはしません。

マダイを例にとると、完全養殖に成功し、さらに選抜育種法による品種改良が進んだことで、天然から稚魚を採って育てたものと比較して、約半分の期間で出荷できるようになりました。

これは天然産の稚魚と比較してエサ代や人件費など、コストパフォーマンスがけた違いに良くなったばかりでなく、台風や赤潮など養殖期間中に自然災害に遭うリスクが半減したという事も意味しています。

そしてこの研究成果を受けて近大をはじめ、多くの養殖業者がマダイの養殖用種苗生産事業に参入し、品種改良されたマダイ養殖用種苗が次々と全国の養殖業者に販売されるようになったのです。

このように、ビジネスの世界では利益につながる技術なら、特許などで厳密に拡散が制限されているような場合を除き、それがどんなに難しいものであっても瞬く間にどんどん広がっていくはずです。

もし、マダイのように品種改良が実現できれば、民間養殖業者のクロマグロ完全養殖による稚魚や幼魚の需要は一気に高まってくると予想されるのですが、クロマグロの場合、マダイと比べるととてつもなく大きな問題が山積しています。

マダイの品種改良に結びついた選抜育種法を実施するためには、優良な親を選びだし、陸上水槽で環境を整えて育成しなくてはなりません。

マダイの場合だと、いけすの網を手繰り寄せて簡単に候補となる親魚を取り上げることが出来ますが、クロマグロの場合は、これが全くできません。

魚体が100キロ以上もある大きな魚体を生きたまま取り上げて、環境を整えた陸上水槽で管理するためには、巨大な親魚水槽をはじめ水温や水質管理などに莫大な費用がかかるでしょう。

また天然ヨコワに比べると、完全養殖で育成されたヨコワは、産卵時期が遅いために成長が遅れるという問題もあります。

近大の研究所がある和歌山県串本町では、産卵の時期が天然と比べて約2カ月から3カ月遅いといわれています。

このことは、マグロ養殖のコストパフォーマンスに大きく影響してきます。

マグロは一年中直線的に成長していくわけではありません。

一般的に、水温が高い夏から秋にかけて急激に成長し、水温が大きく下がる冬から春にかけては、成長率は急激に下がってしまいます。

南方の海で数ヶ月早く生まれた天然ヨコワは、夏から秋にかけて成長期を迎え、急激に大きくなり、完全養殖のそれは大きく成長しようとする時期に冬を迎えてしまい、あまり成長できずに冬を越さなければいけないというハンデとなってしまうのです。

このため、出荷できるサイズに育つまでに、ほぼ丸1年遅れになってしまうケースもあるほどです。

養殖事業としてはこの1年の差は非常に大きな問題です。人件費や餌料費などの生産コストはもちろんのこと、養殖事業につきものの台風など、自然災害のリスクもそれだけ大きくなってしまうのですから。

完全養殖を繰り返していると、畜産業における「家畜」と同様に、「家魚」化と言って、人の管理にマグロが慣れてきて養殖しやすくなるという、生産者にとっての利点は期待できるのですが、産卵時期に起因する四季の変化による成長の遅れは、現在でも人工ふ化マグロ事業の大きな障壁となっており、他の民間養殖業者がマグロの完全養殖孵化事業への参入を躊躇する原因のひとつとなっていると考えられます。

エサはどこから

養殖マグロのエサは、現段階では主にサバやアジ、イカ、イワシなど天然で漁獲されたものです。

ここで、マグロ養殖の大きな課題のひとつに増肉係数が挙げられます。

増肉係数とは、魚を1キログラム太らせるために必要な餌の量を言います。例えばマダイを1キログラム太らせるために必要な餌の量が2キログラムだとすると、増肉係数は2という事になります。

マグロの体温は海水温より常に5度前後高いと言われており、マダイやブリなど他の魚に比べて熱エネルギーや運動エネルギーの消費が多く、その分多くのエサを必要とします。

養殖マグロの増肉係数は概ね13～15位だと言われています。つまりマグロを1キログラム太らせるためにサバやアジなどの餌が13～15キログラムも必要だという事です。

エサを缶詰に例えてわかりやすく説明すると図のようになります。

かつて、脂がのっていないとして日本ではあまり食用に利用されていなかった、ローソクサバと呼ばれる小さいサイズのサバの価格が高騰し、それにしたがってマグロ養殖用餌料の価格も高騰し、確保が難しくなった時期がありました。

隣国の中国で海産魚の消費が伸びたことにより、このローソクサバも食用として取引されるようになったからでした。

このほかにも、決まった大きさのいけすで飼う事の出来る魚の量を表す「放養密度」が、ほかの魚に比べて極端に低いために、生産性が悪いという問題や、衝突によ

るものや先天性の骨格異常など、変形魚を取り除く選別作業がマダイのようにはうまくいかず、結果的に変形率が高くなってしまうなどの課題がマグロの完全養殖事業には残されています。

さらに地球温暖化の影響で、養殖漁場の環境汚染や魚病の発生、台風の強大化など自然災害リスクの増加なども懸念されます。

このようにクロマグロの完全養殖は現段階では、天然資源に全く頼らない、完全にクローズドな人工管理で生産されているとは言えないのです。

今後は、稚魚の増産もさることながら、餌となるサバやアジ、イワシ、イカなどを天然資源に頼らざるを得ないという現状に照らして、漁業全体の資源管理の必要性をさらに強く認識し、自然との共存を図っていくことが益々重要になってきます。

そのうえで、養殖マダイのように、いかにして天然より優れた「家魚化」を実現していけるかが、今後のクロマグロ完全養殖に与えられた大きな課題だと言えるでしょう。

◆コーヒーブレイク

マグロは一生止まれない

マグロは生まれた時から一生立ち止まることなく泳ぎ続けなくてはならないと聞いたことがあるでしょうか。

何故マダイやブリのように、小さな水槽で飼うことができないのでしょう。

魚はエラに水を送って酸素を取り込んで呼吸をしています。

マダイやブリはこの作業を、止まっていても口を開いたり閉じたりするのと同時にエラぶたも同様に動かして海水を吸い込むことが出来るのですが、マグロはエラぶたを自力で自由に動かすことが出来ないのです。いわゆるオープンしたままの状態です。このために絶えず自身が前に進んで、海水を取り入れなければ酸素を取り込むことが出来な

くなって窒息状態になってしまうのです。

したがって、マグロが立ち止る時はその一生を終える時だという訳です。

この話を人間社会や企業社会とダブらせて考えてしまうのは私だけでしょうか。

【第三章】 欲しいと言わせるブランドづくり

強大なブランドのちから

「近大マグロは美味しいですか」という私の質問に対して実に9割もの人が「美味しい！」と言う一方で、私はかつて次のような実験をしたことがありました。10数年も前のことです。研究所の事務長をしていた頃、まだ近大マグロブランドは今ほど確立されてはいませんでした。

和歌山県南部にある近畿大学の付属高校の生徒に近大マグロと他県で養殖されたクロマグロを、商品名を隠して食べ比べをしてもらったことがありました。

その時、実験に参加してくれた生徒はたった18名でしたが、どちらが美味しいかという質問の結果は、10対8でほぼ互角という結果でした。

実際、「どちらも美味しいし、違いもわかりません」と答えた生徒がほとんどでした。

また、同じクロマグロでも、天然と養殖の違いはもちろん、魚体の大きさや部位、保存方法、餌料、取上げ方法や調理方法、それに育った環境などによってその味は大きく異なってくるのです。

これらのことから推測してみますと、近大マグロを食べたことのある、ほとんどの人が「美味しい」と言ってくれた本当の理由は、品質や価格だけではなく、ブランドの力が大きいと言えるのではないでしょうか。

ブランド力がある商品は、食べる前からすでに良いイメージを持っているのです。

このようにブランドにあるイメージは、その商品の価値を大きく向上させ、人が感じる味覚にまで影響し、よほどのことがない限りそのイメージを壊したくないという潜在意識が作用するのです。

それでは、そのブランドをつくりあげるために、いったいどのようにすれば良いのでしょうか。

顧客になじみやすいネーミング、広告や広報など顧客にアピールする様々な取り組み方法、商品のどこが他の商品と異なるかを示すユニーク性、顧客の安心感や共感につながる商品の開発ストーリーや将来への展望など、しっかりと計画された仕掛けによって絶えず顧客の興味を引きつけ、満足を与えるために努力していかなければいけないのです。

それでは、知名度が一気に上がった「近大マグロ」とはいったいどのようにしてブランディングされてきたのでしょうか。大学の研究所が生産する養殖魚の1アイテムにすぎなかったクロマグロが水産研究所のみならず近畿大学全体のイメージアップに大きく貢献できるまでになったその理由とはいったいどのようなものだったのでしょうか。

近大マグロのブランディングを仕掛け、多くの困難や挫折しそうになった経験から振り返ってみますと、ブランド構築にはいくつかのポイントがあったのです。

ブランディングのスポンサー（SPNSOR）とは

ここでは、実際に顧客に欲しいと言われるブランディング戦略を成功に結びつけるポイントについてお話しいたします。

最初に申し上げたいことは、ブランディングで最も難しいのは、マーケティング理論や経営学を学んで知識を得ることではありません。

ブランド化できると信じ、考えたことや感じたことを次々と実践していくことこそが重要だということです。

テクニックや理論はもちろん役には立ちますが、それに頼りすぎたり鵜呑みにしたりして、顧客がどう思っているのか、何を望んでいるのか、あるいは表面に見えるものの奥に何が隠されているのかなどを考えなくなってしまっては本末転倒です。

答えは最初から用意されているものではなく、結果として創りだしていくものなのです。

みなさんのなかには、「うちの商品はブランド化できるような立派な商品がなくてね」などと思っている方もおられるかもしれませんが、それは単にダメな理由をあげて、言い訳を言っているだけに過ぎません。

よく「商品を売る」ことと「商品が売れる」ことは別だといいますが、ブランディングとは商品やサービスを「売る」仕組みをつくることです。決して「売れる」ことではありません。

「因果応報」。原因と結果をしっかりと把握しながら商品を売っていく。これがブランディング戦略の第一歩です。

そもそも、自社の商品を販売するにあたり、社員のほうから「商品の特長がわからない」などと言っていては購入していただく顧客に対して失礼な話です。

これでは決してブランド商品には育ちません。

ブランド化に成功した商品は、結果として需要が高まり、高級、高価格あるいは知名度が高くなるといった付加価値が生み出されてくることはありますが、そんな商品も最初は他と変わらない、ただの信用のない商品にすぎなかったはずです。

多くの人は、ブランディングできるような商品は最初から何か特別なものが備わっていると思い込んでいるようですが、それはあくまで成功した結果として浮き出てきた特色にすぎないのです。

ブランディングを始めるには、必ずしも特別な特長は必要ありません。というより、特長に気が付いて、それをデフォルメ（強調）して伸ばしていけばいいだけの話なのです。

例えば、近大マグロのブランディングにおいても、最初は単にマダイやヒラメなど、他の養殖魚と同じように、完全養殖の魚というだけだったのです。

むしろ、完全養殖から選抜育種法による品種改良を生み出して、養殖業界に大きく貢献し、研究所の収入の多くを占めるようになったマダイのほうが、研究所のなかでは高く評価されていました。何しろ、このマダイは、天然稚魚から採捕したマダイの稚魚よりも約2倍の速さで成長したのですから。

しかし、この時には特許取得やブランディング、商標登録などの発想は全くありませんでした。

研究所は生産量を増やすことで利益を上げようと、富山県など各地に実験場（事業場）

を増設していきました。

結果的にこの戦略が後になって経営を圧迫することにもつながりました。人件費や減価償却費などの固定経費が大きく膨らんでしまったからでした。マダイイリドウィルスが全国に蔓延したときに、研究所はもろくも収支が逆転し、その後長きにわたり、この固定経費等の負担増による赤字体制から脱却できなくなってしまったのです。

しかし、マグロの場合は完全養殖という成果を強調し、社会ニーズや開発ストーリーなどと結びつけてブランド戦略に置き換えることにより、「近大マグロ」としての価値が高まり、品質の高評価や高価格にもつながるようになりました。

そこには新たな建設費や人件費なども必要ありませんでした。

ブランディング戦略により飛躍的に費用対効果がアップしたのです。

一般的に、消費者が商品を購入する場合に、品質、価格、サービスの3点について価値を見いだし、その総合点が高いものを求めるという傾向が無意識に働いています。

品質と価格については、それぞれ「良いか悪いか」、「安いか高いか」に分けられるので比較的わかりやすいのですが、サービスについては、それこそ多種多様です。販売する時間帯や場所、数量、宣伝や流通の方法などを工夫することもサービスの一種です。

例えば、夏の季節だけ山小屋で販売されるペットボトルのお茶などは、価格は高くても購入する人は多くいます。品質は同じで価格は高くても、顧客がそのサービスに価値を見いだせば十分その商品は売れるのです。

また、時間のサービスを特色として売り上げを大きく伸ばしたケースも見られます。当日に注文した商品が翌日にはオフィスに届けられるというサービスを考え出した某文具会社は、品質や価格は変わらなくても「翌日には必ず届く」という顧客ニーズにぴったりマッチした特色をつくりだし、それまであった文具の潜在需要を掘りおこしました。

近大の魚についても、餌の研究や放養密度（生簀内での養殖密度）を低くしてストレスがかからないようにするなど、その品質管理には大いに神経が注がれていましたが、ブランディング当初から最も重視してきたのが品質・価格以外の要素である、顧客へのサービス展開だったのです。

顧客が何を望み、どのようにして欲しいのかを直接会って聞き出したり、環境問題との関連付けや、完全養殖成功までの様々なストーリー、顧客の安心安全を求めるニーズにマッチし、センセーショナルな話題を呼んだユニークな卒業証書の発案、それに積極的な広報活動などをブランド戦略に反映し、顧客に安心と信頼を与えるサービス満載の商品として展開してきたからこそブランドをつくりあげていくことが出来たのだと思います。

近大マグロは、品質や価格戦略ばかりでなく、この「サービス」にも重点を置き、次の6つのポイントに絞ってブランド化に結び付けてきました。そして私はこれを、それぞれの頭文字をとって「ブランディングのスポンサー（SPNSOR）」と名付けました。

（1）シンプル性（Ｓｉｍｐｌｅｎｅｓｓ）

顧客が覚えやすく、なじみやすい商品名を考えるのもサービスの一環なのです。

売り手と買い手が出会う接点はまず商品とその名前です。

顧客の立場に立って考えると、複雑で覚えにくい商品名よりもインパクトが強くてシンプルなネーミングのほうが効果的です。

工業製品などの生産現場では「ＡＸ１５１３２３７型」などと、開発ナンバーで管理されることも多いのですが、商品として消費者に販売される段階では、あくまで顧客がなじみやすいネーミングが必要なのです。

近大マグロも、最初は固有の商品名がありませんでした。

スーパーの鮮魚売り場などでは、他の商品と同じように「養殖クロマグロ（和歌山県産）」という商品名で販売されていたのです。

これでは近畿大学水産研究所が生産したマグロだと消費者には全く分かりません。

一般に、多くの大学では受験生確保のためにメモ用紙やボールペンなどの他、様々な文具用品などに大学名を入れて、高校や予備校、受験生などへのプロモーショングッズ（販売促進物）として進呈していますが、私は研究所のスタッフたちと話し合い、出荷する魚にはすべて頭に「近大」を付けて「近大〇〇」という商品として、近大のプロモーショングッズの役割も持たせようと提案しました。

これだとシンプルで語呂も悪くないし、さらに料金もいただけるので一石二鳥だと考えたのです。

結果的にこの案は採用され、いくつかの魚種で商標登録されることになったのですが、実はこの件でも研究所内部ではひと悶着がありました。

マグロの商品名として「近大マグロ」を提案したときに、「近大マグロ」ではなく正式名称である「近畿大学水産研究所産完全養殖クロマグロ」が商標登録されるべきだとの意見が研究所幹部から出されたのです。

顧客の立場で考えると、このような覚えにくく長い商品名では、生産者側の主張を優先させているような印象となり、「実験や研究」というイメージが「商品」よりも強くなって誤解を生んでしまうのではないか、それに第一、顧客にとってあまりにも複雑で覚えにくいと感じたのは私だけではなかったと思うのですが、研究者にとっては学術論文に掲載するような正式名称が唯一の登録すべき商品名だと考えていたのかもしれません。

結局、この意見は登録商標名としては否決されましたが、このことによって大学が商売として商品を販売することの難しさをあらためて思い知らされました。しかし、それと同時に、もしブランディングに成功し実績として認められるようになれば、大学内部では気付きにくい閉鎖的な体制に、ビジネスという新しい風を吹き込むことが出来るかもしれないという希望にもつながりました。

大学が生産する商品であろうとなかろうと、購入する客にとっては関係のない事です。顧客が望むことにマッチしていればいいだけの話です。

ブランディングの際には、買い手にとって「覚えやすい」や「商品を期待させる」、「興味がわく」などにつながるネーミングやキャッチコピーは、簡単なように見えますが、じっくりと検討すべき重要なアイテムであると認識しておかなくはなりません。

(2) 見える化 (Promotion)

見える化というと、一般的には製造現場や企業経営において、漠然として目には見えにくい部分を数値など客観的に判断できる指標にして、「見える」ようにすることを言うのですが、本書では、顧客に自社製品をどのように「見せるか」「アピールするか」という意味で述べており、いわゆる情報公開あるいは販売促進活動の方法として述べています。

ブランディングにおいて「見える化」戦略は非常に重要です。

これはマーケティング戦略を考えるうえでよく使われる4つのP (プロダクト、プライス、プレイス、プロモーション) のうちのプロモーションにあたるものです。

どんなに素晴らしい商品も顧客の目に届かなければ、その商品は存在しないも同然なのです。

では、顧客の目に届けばどんな方法でも良いのでしょうか。

情報が氾濫する現代において、顧客の目に届いても、その情報をどのようにして信用してもらうのかが重要になってきます。

情報を伝達する方法は、ざっと思いつくだけでも、「口コミ」「電話」「ファックス」「ダイレクトメール」「ツイッターやフェイスブック」「Eメール」「ホームページ」「広告チラシ」「テレビ、新聞、雑誌、インターネット」「出版」など、実に多様です。

なかでも「口コミ」は最も信用されやすく確実な情報伝達手段だと言われています。

それは、情報を受ける側から見て、「何故その情報を伝えたいのか」という理由がわかりやすいばかりでなく、わからない場合はその場で質問することもできますし、相手の表情や話のトーンで信用性が高いかそうでないかを判断し、納得することができるからです。

しかし、この口コミも、その情報が他人に言いたくなるような何か特別な内容でないと、なかなか広がりにくいという特長があります。

よほど素晴らしい品質であるとか、ユニークであるとかの特長でもないかぎり、どこにでもあるような商品など、あえて人に伝えようとはしませんし、伝えても熱心に聞いてもらえないことのほうが多いのです。

したがって、この口コミによって商品情報の拡散を期待するなら、イソップ寓話に出てくる「王様の耳はロバの耳」のような特異性、ユニーク性が求められます。

ちなみにこの話は、「王様はロバの耳をしていて、それをひた隠にしているのですが、いつも髪を刈りに来る床屋だけはそのことを知っていて口止めされていました。しかし床屋はとうとう黙っている事が出来ず、井戸の奥に向かって『王様はロバの耳』と大声を出して叫んでしまい、その声があらゆる井戸に伝わって、井戸と言う井戸から『王様はロバの耳』と聞こえ、瞬く間に広がった」という、みなさんよくご存じのとおりです。

前述のように、現代は様々な情報伝達手段があります。そしてどの方法を選択すべきかは、その企業や組織の規模、予算などによっても異なってきます。

「近大マグロ」のブランディングに取りかかった当初は、広告を出す予算もなく、初期の「見える化」活動では、もっぱら販売先への訪問活動による「口コミ」によって小売業者や消費者に向けて商品の特長をアピールしていきました。

卒業証書の発案などによって徐々に評価が出だすと、新聞やテレビ、雑誌など、メディアに対するプレスリリースによる戦略も加えていきました。

ここでも「世界初！」や「資源保護」、「持続可能性」、「安心安全」などのキーワードを駆使しながら、メディア関係者が興味を持ちそうな仕掛けを考えて投げかけていったのです。

冒頭に紹介した「養殖現場見学会」や「完全養殖成功までの苦難の道のり」なども広報戦略のひとつでした。

また、広報活動の評価は、メディア取材を経てテレビ放映や新聞掲載などの露出があった後の反応で測ることが出来ます。

メディア関係者はニュースソースを他のメディアから得ることが多いのです。

かつて生産履歴を示す「卒業証書」を某新聞社に取り上げてもらったところ、相次いで10社以上のメディアから取材依頼が続き、一気に近大マグロに関する露出が増えて、ブランディング戦略成功への手ごたえが感じ取られたことを覚えています。

一方で、せっかく新聞に掲載されても、その記事のみで他のメディアからの問い合わせや取材申し込みは一切ないといったケースもありました。

これらの経験から、メディアへの露出は一度だけでは思ったほどの効果はなく、逆に社会ニーズや関心の強い情報は、一度露出されれば、それに呼応するメディアからの取材要請が必ず続いてあるものだという事を学びました。

それに、メディアへの露出の背景として、社会で話題になっているとか、関連したニュースが取上げられるとかのフォローウィンド（追い風）が吹いていることも重要です。マグロの場合は野生動植物保護のための国際条約であるワシントン条約や、絶滅の恐れのある野生動物の種のリストを示すレッドリストへの掲載の可能性、漁獲量制限の動きなどのニュースが流れると、そのことを近大マグロと関連付けてプレスリリースを実行しました。

そのためにも常に新聞やテレビなどの情報を敏感にチェックしておくことは欠かせません。

さらに、「近大マグロ」のブランド効果から、「近畿大学」全体のブランドの効果へとつながっていった大きな理由は、広報に広告を付加して仕掛けたことが挙げられます。

この時、私はすでに近畿大学を退職し、「近大マグロ」に関わる立場からは外れていましたが、大学本部による「近大マグロ」のブランド力を利用した、近畿大学ブランドアップ戦略が展開されたのです。

最初の広告は、「世界がそうくるなら、近大は完全養殖でいく」でした。

このキャッチコピーで、関西空港の駐機場にマグロが待機している絵が新聞各紙に全面広告として掲載されたのです。

この広告は、すでに認知度の高かった「近大マグロ」と「近畿大学」を結びつける戦略として大変インパクトが強く大きな反響を呼びました。

これを皮切りに、近畿大学は次々と斬新な広告を打出していきました。

情報伝達手段は、広報や広告、その他の伝達手段を複合することでその効果を幾何級数的に大きくしていくのです。

インパクトのある広告と共に打ち出すプレスリリースによって、メディア関係者は興味を持ち取材を申し込むという流れが出来てきます。

顧客はひとつの方向からだけの情報よりも、より多くの方向からの情報のほうが安心できますし、信用にもつながるのです。

隣の人が言っていた口コミ情報が、ニュースやウェブサイトなどでも流されると、その情報はより信頼度を増して伝わっていくという訳です。

このようにブランディングにおいて「見える化」は重要アイテムであり、その方法は実に様々ですが、これらすべての基本は、情報が初めて顧客や消費者に伝わった時に、彼らの「何故？」、「どうして？」に応えることが出来るかどうかにあります。

メディアの取材などを経験すると感じるとおもいますが、「それはなぜですか」とか「どうしてそういえるのですか」などの質問が必ずといっていいほど出てくるものです。

例えば、「なぜ近大マグロは環境にやさしいと言われるのですか」という質問に対しては、「天然のマグロ資源を一切減らすことなく人工管理のもとで生産される持続可能な養殖方法だからです」と回答を用意したり、「なぜ安心、安全なんですか」という質問には、「親魚の管理までも含めて、卵から成魚として出荷するまで、いつ、どこで生まれて、どんな餌を食べて、どのくらいの期間育てられたかなどの情報が、卒業証書に掲載のQRコードから証明できるようになっているからです」などと答えて、積極的にコミュニケーションが進むように展開してきました。

現代は、大量の情報が流れとび、消費者は玉石混淆する情報の中から信用できるものを選んでいかなくてはなりません。

このような背景があるからこそ、ブランド戦略における「見える化」は、単なる情報伝達だけでなく、顧客の立場に立って、その疑問に応えていく努力が欠かせないのです。

(3)ニーズの把握(Needs)

ブランド展開をしていくなかで、マグロは関西を中心に、スーパーよりもデパートで販売されることが多くなっていきました。

大阪卸売市場の荷受業者から仲卸業者、各小売業者へと販売されていきました。

ここでも私は「わからないことは顧客に訊け」をしっかりと守り、各業者の担当者や末端の顧客である消費者の意見を訊こうと頻繁に販売現場に足を運びました。

そのうち、流通段階によって微妙に顧客ニーズが異なることに気が付きました。

卸売や仲卸業者は、商品を見定める能力が高く、その価格の差は品質の差によるところが大きいという特長がありました。

いわゆるＢ ｔｏ Ｂの取引（企業間の商取引）においては、品質の良いものは価格が高く、評価も良くて当たり前、逆にそうでないものは安くても仕方がないという暗黙のルールがあったのです。

次に、消費者と接することの多い小売業者は、「良いものを安く」という大義名分のもとに、生産者に対して価格面での要求が強くなるという傾向がありました。

かつて、日本一の売り上げを誇ったスーパーダイエーのスローガンが「価格破壊」や「良いものをどんどん安く」というものだったことからも理解できるのではないでしょうか。

一方、流通の末端である消費者のそのニーズは、微妙に流通業者たちの常識とは異なるものでした。もちろん彼らの評価に大きく影響はされるのですが、消費者自身は流通業者たちのような情報や知識はさほど多くは持ってはいません。

そのかわり、入ってくる情報が正しいものなのか、安心できるものなのかといった「サービス」を重視する傾向があったのです。

例えば、店頭では専門知識をもった業者がいちいち消費者に向かって詳細に商品説明をすることは、昔ながらの鮮魚店のように対面販売でもしない限り、スーパーなどではほぼ不可能です。

消費者は一般的には、目の前にある品名・原産地や価格・重量・消費期限などといった情報と、過去に購入した経験だけに頼って商品を選ぶしかありません。そこには「美味しい」とか「安全」などとは書かれていませんし、たとえ書いてあってもすぐには信用できないでしょう。

そこでブランド力が大きくその商品価値を向上させるのです。

ブランドとは、その顧客の心の中につくられる良いイメージのことですから、メディアや広告、インターネットや口コミ情報、あるいは過去の経験などで、事前にその商品の情報がイメージの中に組込まれていて、信用されていれば他の商品に比べて優位に展開できるのです。

ある日、私は近大マグロ販売先である某デパートの鮮魚店の店先に立っていました。

消費者の意見を直接聞いてそのニーズと評価を確認したいと思ったからでした。

「近大マグロ」のシールが張られた商品を手に取ったお客さんに声をかけてみました。

「こんにちは。近大のものなんですけど、この商品、うちで生産したマグロなんですよ。ここに卒業証書があるでしょう。このQRコードを読ませると生産履歴が出てきて、餌の種類や養殖方法がわかるんですよ」と説明しました。

すると、「あらそうなの。やはりなんといっても安心できるのがいいわね」と、うれしい言葉を頂戴しました。

これまで卸売業者や仲卸業者からは「脂がもう少しのっていれば」とか「もう少し赤身に酸味が欲しいね」、「トロと赤身の境目がもっとはっきりしていればね」などと、その道のプロとして品質に関する要求が多く、他の養殖マグロと差別化できる特長をなかなか見いだせないでいたので、この消費者の意見は強く印象に残りました。

さらに強く安全性や安心感につながる情報を発信していくべきだと教えてもらいました。

様々な顧客の意見（ニーズ）を直接聞くことで品質や価格だけでない、近大マグロのブランディングに効果的な多くの特長に気付くことができました。

ちなみに、顧客ニーズを探る方法としては、国勢調査やアンケート調査、観察調査、インタビュー調査などがありますが、いずれも結果だけをうのみにするのではなく、できるだけ自ら積極的に行動して自分自身の体験として顧客ニーズを確認していくよう心掛けたいものです。

（4）ストーリーづくり（Ｓｔｏｒｙ）

記憶術の基本は「イメージすること」と、「イメージとイメージを結びつけること」だと言います。

ブランディングも消費者の心の中に記憶されなければ、前に進めていくことはできません。

それでは「イメージとイメージを結びつけること」とはどのようなことを言うのでしょうか。

記憶術では「りんご」と「フォーク」を記憶するときに「フォークを突き刺したりんご」のように連結しやすいように文章にして記憶するのだといいます。

ブランディングでも商品とイメージとをつなぎ合わせることが効果的です。

例えば、「近大マグロ」と「世界初完全養殖」をつなぎ合わせるのです。

更にこの連結をストーリーとして文章にして構成していくことで、消費者は商品についての理解度がより高まっていきます。

そしてこのストーリーは消費者の共感を得られることが必要です。成功の自慢話ばかりではなかなか共感は得られません。

2000年から2005年までの間、NHKの高視聴率番組として話題を集めた「プロジェクトX～挑戦者たち～」は、過去から現在に至る数々の困難や紆余曲折から成功にいたる過程をストーリーとしてまとめ、エンディングでは中島みゆきの曲「ヘッドライト・テールライト」が「旅はまだ終わらない～♪」の歌声と共に、未来への果てしない挑戦や夢を想像させて番組を締めくくるという、ブランディングに必要な物語性をうまく表現した素晴らしい例として挙げられるでしょう。

また、最近のテレビコマーシャルでも、某携帯電話会社のCMで、犬が主人公になって次々と一連のストーリーとして新しい展開を繰り広げていくものや、昔話に登場する桃太郎や金太郎、浦島太郎などを商品と関連付けて物語風にアレンジしているものに人気があり、効果をあげていると言われています。

本書の前半は、ほぼ近大マグロに関わるストーリーで構成されています。それほどブランド戦略にはストーリー展開が重要で欠かせないものだといえるのです。

ストーリーを創るコツはその商品の過去、現在、未来を語ることです。

商品を開発しようとしたきっかけや苦労話、何度もやめようかと思った失敗談、そしてやっと成功したときの喜びや、将来の壮大なロマンにつながる開発者の夢などは商品のストーリーづくりにおいて非常に効果的です。

もう一つ、ストーリーづくりで重要なことは、具体的事例を中心として構成することです。

どんなに素晴らしい思いや理念があっても抽象的な事柄だけだと買い手のイメージにインパクトを与えることはできません。具体的な事例によってより明確なイメージが思い描かれていきます。

ブランディングはこれら、物語によって、より深く消費者の記憶の中に入り込んでいくことが出来るのです。

（5）ユニーク性（Only one）

ここはハリウッドのビルの一室。

今日も、明日のスターを夢見る多くの若者がオーディションの会場へとやってきました。

審査員のプロデューサーが手際よく審査していきます。

「はい、次の人……。君はいったい何が出来るんだね」

若者に向かって聞きました。

若者は自信がなさそうにこたえました。

「はい……鳥のマネが出来ます」

「何だって、そんなことはこのハリウッドじゃ誰だってできるよ。……ダメだね。はい、次の人」

すると若者は首をうなだれて窓のほうに向かい、大きく窓を開けると、空高く鳥のように飛んで行ってしまいました。

この紹介するたびに必ずスベってしまう、おもしろくもないジョーク（ジョークと気付かない方もおられるかもしれません）が、どうしてブランドづくりと関係があるのかと、不思議に思われる方も多いかもしれません。

実はこの話には、ブランドづくりを支える、大変重要なことが隠されているのです。

この若者は、実際に空を飛ぶことが出来るのに、知ってか知らずか、このことを単に「鳥のマネ」としか表現できませんでした。

もし、「鳥のマネ」と言わずに「自力で空高く飛べます」と言っていたら、プロデューサーが腰を抜かすばかりでなく、たちまち世界中のメディアが殺到し、瞬く間にその若者は世界で最も有名な大スターになっていたかもしれません。

自力で空を飛べるなんて、これほどユニークなことはありませんものね。

このように、ブランディングには、他の類似商品との差別化（ユニーク性）が欠かせません。そしてさらに、それに気付く視点が重要なのです。

「近大マグロ」を例にとると、近大マグロには次のような特色があります。

①人工ふ化で育てられた養殖マグロ
②全身トロと言われるほど脂が多くのったマグロ
③持続可能な養殖方法で育ったマグロ
④大学の研究所が育てたマグロ
⑤世界初の完全養殖技術で育ったマグロ
⑥卒業証書がついてくるマグロ
⑦自然界を全く知らないマグロ
⑧どんな餌を食べたかがすべてわかるマグロ
⑨莫大な開発コストがかかったマグロ
⑩テレビで紹介されたマグロ
……以下省略

このようにたった1尾のマグロでさえ、その視点を変えさえすれば無数の特色が出てくるものなのです。

マグロの完全養殖は特別だから、と言う人もいるかもしれませんが、実は近畿大学水産研究所ではヒラメやシマアジ、ブリ、トラフグなど多くの魚種で完全養殖を達成してきましたが、このことが大きく社会で取上げられることはありませんでした。

また、マダイにいたっては、現在出回っている養殖マダイの遺伝子をたどっていくとほぼ100%が近大産に帰結するのではないかと言われるくらいの研究成果を残してきたにもかかわらず、これを知る人はごく少数の人だけです。

まさに、「空を飛べる」ほどの研究成果を残してきたにもかかわらず、単に「鳥のマネが出来ます」という程度のアピールしかしてこなかったために、ほぼ無名のままで、地道に販売する以外の付加価値が得られなかったのです。

これからブランド化しようと考えている商品でしたら、まずその商品の生産から流通、販売までを現場に行って深く観察したうえで、あらゆる視点から捉え、その商品のユニーク性を見つけ出していかなくてはなりません。

また、商品の持つ特徴は品質だけでなく、価格やサービスにも差別化できる要素があります。

例えば、価格については、極端に安くしたり高くしたりすることで、他の商品との差別化を図ることができますが、いずれの場合も消費者自身がその商品に対して「なぜこの価格なのか」という理由がわかるように情報を提供し、消費者に納得してもらうことが重要です。

価格は安ければいいというものではありませんし、もちろん高ければブランド品だという事でもありません。

品質、価格、サービス面での特長をアピールしていくためには、お金を支払う顧客がその理由に納得できるという事が重要なのです。

(6) 結果検証 (Results)

これまでブランドづくりのポイントについて述べてきましたが、これらを的確に反映したからといって、直ちにブランドが出来上がるというものではありません。

口コミや広告、広報、その他の情報にして伝わり、それが消費者の信用として定着していくまでには、相当の期間がかかるものと思っておかなくてはなりません。

したがって、ブランド構築には、ある期間ごとに目標値を設定してチェックしていくことが重要です。

そして、ブランドも商品同様に「見える化」をしていくことを忘れてはいけません。

但し、この場合はプロモーションというより数値化という意味のほうが適切ですが。

例えば、商品の売上高の推移やメディアへの露出回数などでもブランド効果は図ることができるでしょう。

ブランドは、買い手の心の中に信頼感や安心感、憧れなどのイメージとして出来上がっていくものですから、売り手がいくら「安心してください」「信頼してください」と言っても一方的に築き上げていけるものではありません。

買い手のニーズにマッチした商品づくりや価格設定、サービス提供などから、広告チラシや広報活動によるメディアへの露出、小さなコミュニティーでの口コミ情報など、様々な方法による商品の情報開示、他との違いを明確にするための徹底した商品研究やその開発ストーリーなどを、何度も根気よく投げかけて初めて、少しずつ買い手の信用を得るブランドへと成長していくのです。

前述のように、ブランドづくりは性急に結果を求めようとしてもなかなかうまくいきません。

2年、3年と着実にブランドアップしていくためにも一定期間ごとに売上高やメディアへの露出回数などの結果を検証し、価値の向上を数値化して方向性を見極めながら、その後の戦略に反映していくことが重要なのです。

戦略を支える3つの習慣（ATC）

水を差すような話で恐縮ですが、これまでブランディングに必要な6つのポイント（SPNSOR）について述べてきました。しかし、実はこれらのことを覚えたり、理解しただけでは何の意味もありません。

例えて言うならば、エンジンのない車のようなものです。

これらのポイントを支える3つの習慣が備わっていなければ、いかに緻密に計画されたブランド戦略も全く意味をなさないのです。

その3つの習慣とは、「積極的に行動する（Action）」、「常に深く考える（Think）」、「果敢に挑戦する（Challenge）」ことです。

あたりまえの事のように思われるかもしれませんが、このA・T・Cが結構難しいのです。

高速道路のゲートはETCで開きますが、ブランディングのゲートはATCで開くと理解してください。

日頃私たちは安直に答えを求めようとしてしまいます。

しかし、前述しましたように、ブランディングにはあらかじめ用意された答えなどありません。

全てがその商品に合わせたオーダーメイドで対応しなくてはいけないとも言えるでしょう。

ひとつひとつ実践していくことで正解としてつくりあげていくものなのです。

実は、近畿大学水産研究所の故原田教授が唱えた「わからないことは魚に訊け」は、この3つの習慣を見事に実践させようとした言葉でした。

魚はもちろんしゃべりませんから、わからないことがあったらすぐに魚の現場に行って観察せよ（行動する）、そして寝ても覚めても魚のことを考えよ（考える）、その結果、何か思いつくことがあればためらわずにやってみよ（挑戦する）、ということを実践をもって教えてくれていたのでした。

私は、この3つの事が習慣として確実に身に付いたうえで、前述の6つのポイントを実践していけば、確実にブランドができあがると確信しています。そしてこれを「オー

クボ式戦略モデル」と名付けました。（図）

中国のことわざに、「一匹の魚を与えれば一日生きられる。魚の獲り方を教えれば一生暮らせる」という言葉があります。

オークボ式戦略モデルは、単に表面的な正解だけを求めるようなものではありません。自らが考え、行動し、挑戦して、魚の獲り方を学び、ある意味アナログ的に正解を創りだしていくためのモデルなのです。

また、「山に登るにはいくつもの道がある」という言葉もあります。

オークボ式戦略モデルは目標を達成するための、ひとつの道しるべとはなりますが、この方法が唯一無二だと言うつもりは全くありません。

しかし、3つの習慣を表す、「自らが自らの脚で山に登ろうとする姿勢」だけは、どの道を選んでも必要とされるのです。

オークボ式戦略モデル

【付録】 大学のブランド戦略について

２０１４（平成26）年度と２０１５（平成27）年度の大学受験者数で近畿大学は２年連続で日本一となりました。

これは近大マグロの効果もさることながら、その効果をうまくストーリーや広告、広報活動に織り込んで展開した近畿大学広報部の功績によるところが大きいと言えるでしょう。

では広報部はどのような戦略を展開したのでしょうか。

前章でもふれましたが、近大マグロを使って近畿大学のブランドアップにつなげようとした最初の広告は「世界がそうくるなら近大は完全養殖で行く」という新聞の全面広告でした。

この広告は、まずその絵がユニークで、人々の興味を強く引きつけました。空港の駐機場に、飛行機の代わりに近大マグロが待機している絵が大きく描かれているのです（図）。

出典：近畿大学

このユニークな広告は、近畿大学が世界にはばたいていくというイメージを効果的に作り出し、既に知名度が上がっていた近大マグロブランドを近畿大学全体のイメージへと結びつける大きな役割を担いました。

ルイ・ビトンのバッグがブランド化されていくことにともない、同社製の財布やベルト、靴、時計、ジュエリー、洋服、文具、キーホルダーなど、関連する商品すべてにまでそのブランド効果が広がっていったように、近大マグロのブランディング効果は、研究所と大学本部という垣根を越えて近畿大学全体の、関係するものすべてに広がっていったのです。

この後も毎年、「先頭を突き進む。近畿大学」、「固定概念をぶっ壊す」、「マグロ大学って言うてるヤツ、誰や？」など、いずれもマグロの絵が描かれたインパクトのある広告を打出すたびに大きな反響を呼んできました。

広告と広報の役割は、単独で展開するより双方が平行して展開できると、幾何級数的にその効果が高まっていきます。車の両輪だという事もできるでしょう。

広報の信頼性と広告のインパクトがブランド作りに効果を高めていった良い例です。

では、近大マグロのようなブランド商品を持たない大学はどのようにしてブランディング戦略を立てればよいのでしょうか。

「ハリウッドの鳥のマネ」のジョークを思い出してください。

建学の精神や研究成果、教育指針、学生の活動、就職関係など、深く探っていけば、これまで「鳥のマネ」としか見ていなかったものから「空を飛べる」ような、学生や企業、社会の関心につながる、特色あるブランドシーズ（種）が見つけ出せるのではないでしょうか。

それでも、どうしてもみつけられないという場合は、それを創りだすくらいの覚悟とヤル気が必要なのです。

「特色がなければ存続できない」くらいの切迫感がなければ、限りあるパイを奪い合う今後の環境のなかで勝ち残っていくことは難しいと言えるでしょう。

実際、その危機は18歳人口の減少や大学進学率の伸び悩み傾向などから見ても確実に迫っています。

教職員のみなさんは「○○だから……」と、ダメな理由を見つけ出しては、あえて目の前に迫っている問題から目をそむけてしまっていないかをもう一度必死になって探ってみることが重要です。

学納金収入が基本である大学の経営は一般企業と異なり、年に一度の入学者を迎える時期しか結果が出ません。しかもその結果は4年間分の結果を伴っています。つまり、ブランディングの効果が出て入学者が1名増えたとすると、それは基本的に4年間分の学納金収入の増加につながるというわけです。逆もまた同様なのですが……。

半数近い私立大学が定員を割っているなかで、各大学は自校の持つ特色を明確に打ち出し、ブランディングを含めた大学改革を早急に実践していく必要に迫られています。

私が当時、水産研究所で仕掛けてきたブランディング戦略による効果は、現在の近大マグロの盛況ぶりを10段階に例えると、ほんの第1～2段階でしかなかったでしょう。

しかし、近畿大学は、ブランディング当初の実績をもとに、大学全体のイメージアップ戦略へと拡大し、さらに大きな成果に結び付けていきました。

一方で、ブランディングの最初の段階である、ゼロからの発想や着眼点を見つけられないために、大学に秘められた大きな可能性をシーズ（種）のまま開花させることが出来ず、年々受験者や入学者が減少している大学も多くみられます。

大学とは、多様な社会に多様な人材を送り出すための養成機関だという見方がありま す。

グローバル化が急速に進んでいくこれからの社会では、今後ますます多様な価値観を持った多彩な人材が必要とされていくことでしょう。

このような観点からも、偏差値によって序列化された画一的な大学ばかりでなく、ブランド戦略を有効に活用した特色ある大学づくりが強く求められていくのではないでしょうか。

いま一度、学生や企業およびその他のステークホルダーの立場に立った視点から見つめなおし、それぞれの大学が持つシーズや特色をブランドとして開花させて、より多くの大学が活力を取り戻し、特色ある教育機関として社会に大きく貢献されますことを願ってやみません。

あとがき

本書は「近大マグロ」のブランディング成功事例をもとに、商品価値を高め、マーケティング戦略をスムーズに実践していくための参考書として執筆いたしました。

現在、世界的な人口増加による食糧危機を背景とした、水産資源管理については社会で大きな関心をもって取り扱われていますが、私は魚の生態や漁業資源、水産養殖などについては全くの素人で、単なる大学の事務職員にすぎませんでした。

したがって、マグロについての知識は何十年と専門に研究されてこられた研究者の方々と比較すると、何も知らないのと同じだと言ってもいいかもしれません。

しかし研究所の事務長として、またひとりの魚好きの人間として、養殖現場には頻繁に足を運んで、現場スタッフに様々な興味深い事を教えてもらったり、魚の図鑑を買って素人なりの勉強をするなど、魚への興味は強く持っていました。

ヒラメの眼が、生まれてからしばらくは両側についていて、成長するにつれて左側に偏っていくのだという事も現場の業務の支障にならないように観察させてもらい、初めて知りました。

クエの養殖が難しいのは、成魚になるとあんなに大きな口をしているのに孵化して間もないころは、特別に小型のプランクトンを餌として与えなくてはならないほど口が小さいからだとか、生まれた時はすべて雌で、成長にともなってそのうちの一部が性転換して雄になるということも、スタッフから教えてもらいました。また低水温ではほとんど成長しないことや、VNNというウィルス性の疾病にも罹りやすいことなども原因のひとつだと知りました。

これらの他にも養殖現場では、一般の人が知らない様々な興味深い事が当たり前のように起こっています。

取材などでメディア関係者たちを親マグロのいけすに案内し、餌のサバを投げ与える光景を見せただけで、彼らはその迫力に目を見開いてくれます。そしてそこからマグロを養殖することのスケールの大きさや苦労を垣間見てくれるのです。

しかし、スタッフや専門家たちは、この当たり前のことに慣れてしまって、驚いたり感動したりすることが少なくなってしまいます。

このように、各業界の生産現場や研究所では、日々独自の工夫や技術を駆使して何事も無いかように当たり前に商品がつくられています。

しかし一方で、これがブランディング戦略の落とし穴となっているのです。

専門家にとっては当たり前に行われていることが、普通の人には興味深い関心事になる場合があるという発想がなかなか出来ないのです。ハリウッドの「鳥のマネ」と同じことが何気ない日常のこととして起こっているのです。

ブランディングで最も難しいのは、経営学やマーケティングの知識を学ぶことではなくブランディングするという強い気持ちと、顧客の立場に立って興味あることや独自性、特色などを投げかけていこうとする「発想」なのです。

そして、この発想がなかなか研究者や専門家からは生まれてはきません。何故なら、その組織の一員（オーガナイザー）としての自覚はあっても、部外者（アウトサイダー）としての視野を持っていないことが多いからです。

ブランディングは売り手、買い手のどちらか一方だけでは成り立ちません。

両方の視野をもって買い手に投げかけていくことが大切なのです。

このためブランディングにはオーガナイザー、アウトサイダー両方の視野を持ったスタッフが、「ゼネラリスト」としていかにスムーズに行動し、考え、挑戦していける環境をつくっていけるかが、成功にたどり着くキーポイントだとも言えるでしょう。

近大マグロがメジャーブランドとして成功した大きな理由は、「マグロを売るなら（マグロを売らずに）大学を売れ」、「大学を売るなら（大学を売らずに）マグロを売れ」という、ゼネラリストでなければ思いつきにくい柔軟な発想があったからなのです。

最後に、ブランディング戦略を後押ししてくださった元近畿大学理事長の故世耕弘昭氏をはじめ、養殖に関する様々な知識や経験を与えてくださった研究所のスタッフの方々、販売にあたり多大なるご支援、ご協力をいただいたすべてのご関係のみなさま、それに本書出版のお口添えをいただきました中谷育宏氏および株式会社濤標社長の松村信人氏に心から感謝を申し上げます。

二〇一五年七月吉日　大久保嘉洋

〈プロフィール〉
大久保嘉洋（おおくぼ　よしひろ）　本名　良雄（よしお）
1954 年生まれ。
三重大学卒業後、三重県経済農業協同組合連合会（現 JA 三重）を経て近畿大学入職。水産研究所在職中に「近大マグロ」ブランドを企画立案からプロデュースする。
2012 年近畿大学退職後、株式会社キャリア特待館を起業。「ブランドづくりはひとづくり」をモットーにコンサルティングや講演活動を展開。

欲しい！と言わせるブランドづくり
二〇一五年八月二十日発行
著　者　大久保嘉洋
発行者　松村信人
発行所　澪　標　みおつくし
大阪市中央区内平野町二‐三‐十一‐二〇三
TEL　〇六‐六九四四‐〇八六九
FAX　〇六‐六九四四‐〇六〇〇
振替　〇〇九七〇‐三‐七二五〇六
印刷製本　亜細亜印刷株式会社
DTP　山響堂 pro.